Jacek Auerbach

111 Orte in Oldenburg, die man gesehen haben muss

111

emons:

Dieses Buch sei allen gewidmet, die sich der großen Idee der Integration verschrieben haben.

Bibliografische Information der Deutschen Nationalbibliothek
Die Deutsche Nationalbibliothek verzeichnet diese Publikation in der Deutschen Nationalbibliografie; detaillierte bibliografische Daten sind im Internet über http://dnb.d-nb.de abrufbar.

Layout: Eva Kraskes, nach einem Konzept
von Lübbeke | Naumann | Thoben
Kartografie: altancicek.design, www.altancicek.de
Kartenbasisinformationen aus Openstreetmap,
© OpenStreetMap-Mitwirkende, ODbL
Druck und Bindung: Lensing Druck GmbH & Co. KG,
Feldbachacker 16, 44149 Dortmund
Printed in Germany 2018
Erstausgabe 2017
ISBN 978-3-7408-0249-3
Aktualisierte Neuauflage August 2018

Vorwort

Oldenburg ist eine aufstrebende Stadt. Sie zieht mit ihrem Charme Jahr für Jahr immer mehr Menschen in den Norden. Manche reisen nur zu einem Besuch an, aber viele kommen auch, um zu bleiben. Die Einwohnerzahl steigt stetig, die Zahl der Studierenden wächst ebenso, neuer Lebensgeist macht sich breit. Diesen spürt jeder, der die Stadt besucht, der hier wohnt, studiert oder arbeitet. Immer mehr Cafés werden eröffnet, immer öfter spielt sich das Leben draußen ab, immer häufiger kommt man ins Gespräch.

Da gibt es viel zu entdecken: Hinterhöfe werden zu Oasen, enge Straßen zu hübschen Gassen, Brachflächen zu Promenaden. An all diesen Stellen findet man ungeahnte Einblicke, Momente, Details des neuen Aufschwungs in wunderbarer Verbundenheit mit der Tradition der Stadt. Nehmen Sie sich ein wenig Zeit, um loszulassen, und schärfen Sie Ihren Blick fürs bislang Unentdeckte. Nehmen Sie einen leeren Bilderrahmen mit auf einen Gang in die älteste Fußgängerzone Deutschlands und schauen Sie durch ihn hindurch auf die Giebel der Häuser. Sie werden zahllose Ornamente finden, die nur darauf warten, Ihnen ihre Vergangenheit zu erzählen. Die Stadt steckt voller Geschichte und Geschichten, sie wahrte schon immer den Sinn für Diplomatie und Verhandlung und war daher nur selten Zerstörungen ausgesetzt. Dennoch ist Oldenburg keinesfalls altbacken, muffig oder veraltet, sondern frisch, mutig und innovativ. Junge Unternehmen gründen sich rund um die universitäre Forschung, auf zahlreichen Bühnen finden Kunst und Kleinkunst statt, Theater- und Clubkultur prägen den Alltag. Auch wenn der Oldenburger um jedes Bauwerk unerbittlich kämpft, das vom Abriss bedroht ist – sei es die Cäcilienbrücke oder der Bootsverleihkiosk –, so nimmt er gerne Neues in sein Herz auf. Hier trifft Tradition auf Innovation.

111 Orte

1 Der Abenteuerspielplatz

Wo Kinder ganz groß sind

An diesem Ort sind Kinder die Helden der Stadt. Das kann man zwar von den meisten Spielplätzen sagen, aber hier passt es ganz besonders.

Auf einem über 10.000 Quadratmeter großen Areal kann sich jedes Kind entfalten. Die große Freifläche ist in viele Aktionsräume aufgeteilt: Es gibt ein Hüttendorf, einen Zaubergarten, eine Wasserbaustelle, eine Schmiede, einen Ponyhof und eine Spielplatzküche. Und das ist noch längst nicht alles, denn neben einem Draußen gibt es auch ein Drinnen für Schlechtwettertage, für frostige Zeiten oder für die Träumer unter den Helden, die am liebsten in aller Ruhe ihren Traum träumen wollen. Die Vielfalt ist fast unbegrenzt. Und das Geheimnis des Erfolgs liegt nicht nur darin, den Kindern vieles nur passiv zur Verfügung zu stellen. Der Clou liegt in der Aktivität der Kinder. Denn durch eigene Kraft, durch eigenen Antrieb wird die Kreativität entfaltet, wird der Genius frei, wird das Kind zum Helden. Hier wird nicht bespielt und unterhalten, hier wird das Spiel von den Kindern entwickelt. So wird das Spielen mit Leben gefüllt, so wird das Spiel lebendig, so wird es heldenhaft. Egal, ob Jonas mit Erik in der Erde matscht, Anna mit Leon eine Hütte baut oder Ole mit Paula Ponys striegelt, das Spiel setzt Phantasiereserven frei, fordert Zusammenarbeit, fördert Verantwortung und garantiert dabei jede Menge spaßige Energie.

Natürlich kann an solchen Plätzen nicht jeder alles machen dürfen. Für Regeln sorgen mehrere pädagogische Fachkräfte. Sie unterstützen die kleinen Helden in ihrem Spiel und schaffen den Raum und die Möglichkeiten für die Entwicklung einer starken, eigenverantwortlichen und konfliktfähigen Persönlichkeit der Kinder. So sieht echte Erlebnispädagogik aus. Eine wirklich gute Idee, die sich schon seit über 40 Jahren bewährt und heute vielleicht wichtiger ist denn je. Auf diesem Spielplatz erleben die Kinder wahre Abenteuer.

Adresse Theodor-Heuss-Straße 52, 26129 Oldenburg | **ÖPNV** Bus 329, Haltestelle Sportweg | **Öffnungszeiten** Winter: Mo–Fr 14–18 Uhr, Frühjahr und Sommer Mo–Fr 14–18.30 Uhr, Herbst Mo–Fr 14–18 Uhr, in den Schulferien ab 13 Uhr geöffnet | **Tipp** Entlang des Bloherfelder Wasserzuges können Sie einen ausgedehnten Spaziergang vom Gymnasium Eversten, am Kennedyteich vorbei bis in die grünen Lungen der Oldenburger Wohngebiete unternehmen.

2 Das akademische Culinarium

Preisgekröntes für das Forscherwohl

Das »Culinarium« hat sich einen wahrhaft demonstrativen Namen gegeben, es verspricht viel in Sachen guter Geschmack. Manch einer könnte behaupten, es sei ein Widerspruch in sich, eine Mensa mit einem solchen Namen zu zeichnen, dazu auch noch eine Uni-Mensa, die in einem schnöden Betonbau der 1970er Jahre siedelt. Aber wer sich einen ehrgeizigen Namen gibt und stetig an seiner Bedeutung arbeitet, verdient Aufmerksamkeit.

Seit über 40 Jahren schon bemüht man sich hier um gute Qualität zu einem vernünftigen Preis. Das Prinzip der Essensflat – einmal zahlen, immer nachnehmen – hat in Oldenburg aber längst ausgedient. Einzelzusammenstellungen, Komponentenessen, Essensvarianten je nach Bedarf, Geschmack und Erwartungshaltung sind schon seit langer Zeit en vogue.

An Quantität sollte es nicht scheitern, aber die Qualität wurde immer wichtiger. So fanden bereits in den frühen 1980er Jahren zunehmend Produkte aus ökologischer Erzeugung den Weg in die Töpfe des Mensa-Chefkochs. Fleischwaren stammen seit 1998 aus artgerechter Haltung, und spätestens seit 2004 tragen alle Mensen Oldenburgs das staatliche Biosiegel. Dieser Trend zahlt sich aus. Die Mensa wurde mehrfach mit Preisen geehrt, nicht nur für den guten Geschmack, sondern auch für innovative Ideen und das nachhaltige Angebot gab es verschiedenste Auszeichnungen. So ist es kein Wunder, dass es nicht nur Studierende, sondern auch Köche in die Mensa zieht.

Als der Chefkoch nach 40 Jahren aufhörte, kam sein Nachfolger von einem der besseren Restaurants der Stadt. Wer sich selbst davon überzeugen will, kann auch ohne Studentenausweis die gute Küche ausprobieren. Und wenn es in der eigenen Küche ebenfalls »culinarisch« zugehen soll, dann bietet sich der Kauf eines der Mensa-Kochbücher mit mehr als 100 heimischen und internationalen Rezepten an.

Adresse Uhlhornsweg 49–55, 26129 Oldenburg, Speisepläne abrufbar unter www.studentenwerk-oldenburg.de | **ÖPNV** Bus 306, 310, 350, Haltestelle Universität | **Öffnungszeiten** Mo–Fr 11.30–14 Uhr | **Tipp** Wenn Sie sich in die studentische Vielfalt mischen wollen, werfen Sie einen Blick auf und in das Hörsaalgebäude auf der anderen Straßenseite.

3 Das Alhambra des Nordens

Immer ein Ort des Que(e)rdenkens

Das Alhambra und seine Geschichte waren schon immer bunt. Heute ist das Alhambra ein selbst verwaltetes Aktions- und Kommunikationszentrum, nicht bloß ein Partyraum. Das Alhambra agiert selbst, es verwaltet und finanziert sich selbst, es bestimmt selbst, was stattfindet. Zuschüsse gibt es nicht, Gelder werden selbst erwirtschaftet, wenige Spenden kommen hinzu. Unzählige Mitmenschen leisten Eigenarbeit für die Alhambra-Idee. Das Alhambra erscheint nur von außen grau, ist aber innen ganz bunt. Egal, ob alternativ oder konstruktiv, ob normativ oder kreativ, ob rosa oder rot, ob gewöhnlich oder qu(e)er. Bunt sind auch alle, die es mögen.

Das Alhambra liegt im Zentrum der Stadt, vor allem aber im Zentrum von Osternburg, genau genommen in Alt-Osternburg, einem Ort, an dem Arbeitergeschichte geschrieben wurde. Die Anfänge des Alhambra gehen auf das Jahr 1883 zurück. Mitten in der Industrialisierungszeit prägten große Industriebetriebe der Glashütte und der Warpsspinnerei mit ihren unzähligen Arbeitern das rote Alt-Osternburg. Aus dem anfänglichen »Beckers Etablissement« wurde ein Gasthof mit Saal- und Clubräumen, in denen schon die frühe Sozialdemokratie und Gewerkschaften ihre Versammlungen abhielten und Mitglieder der KPD zu Hause waren. Während Adolf Hitler am 16. Mai 1931 auf dem Pferdemarkt für sein Reich warb, verkündete der damalige KPD-Vorsitzende Ernst Thälmann zeitgleich im heutigen Alhambra den Genossen die Ziele der kommunistischen Partei. So eine Geschichte prägt einen Ort. Auch wenn 1933 alle Parteien allgemein, 1956 die KPD im Speziellen verboten wurde und die »Gaststätte Alt-Osternburg« langsam zum Tanzlokal und Lichtspielhaus degenerierte, blieb der Geist des Hauses que(e)r und bunt. Seit 1978 macht das Alhambra seiner Geschichte wieder alle Ehre. Hier nimmt Gesellschaftskritik Form und Farbe an, kann jeder er selbst sein, wird Nicht-Normativität gelebt. Das Alhambra denkt que(e)r und macht Oldenburg bunt.

Adresse Hermannstraße 83, 26135 Oldenburg, www.alhambra.de | ÖPNV Bus 302, 304, 307, Haltestelle Nordstraße | Öffnungszeiten Einlass bei Veranstaltungen | Tipp Der Stedinger Straße in Richtung Bahnübergang folgend eröffnen sich rechter Hand alte Werkssiedlungen der Glashütte (heute Peguform), deren Namen mit »Kamerun«, »Sansibar«, »Kreta« und »Roter Strumpf« große Geschichten erzählen.

4 Der analoge Scheibenladen

Nostalgie wird Kult

Hier spielt die Musik. Hier trifft man sich. »Scheibenkleister« ist besonders, ist speziell, ist ein Unikat. Jedenfalls gibt es so etwas nicht so schnell noch mal. Hier wird Musik gehört, gekauft, verkauft und erlebt. Bei »Scheibenkleister« kennt man fast jeden Titel, findet man, was man sucht, und auch, was man nicht gesucht hat.

Die meisten kommen zunächst zaghaft in den Laden, treten an eines der Regale, in denen vorwiegend LPs stehen. Manch einer weiß heute gar nicht mehr, dass LP für Langspielplatte steht und dass da Musik drauf ist.

Da blättert man zunächst etwas lustlos und verhalten die Cover und Alben auf und ab, denkt sich nicht viel dabei, aber schon kurze Zeit später verfällt man diesem Zauber. Man wird hineingesogen in den Strudel von Musik, von Interpreten, von Alben, von Genres. Man kann gar nicht aufhören zu blättern.

Erinnerungen kommen wieder, das Album habe ich früher doch auch gehabt, zu dem Stück haben wir doch noch Partys gefeiert, da war doch auch noch die andere Band, wie hieß sie noch mal?

Und da kommt der Fachmann ins Spiel.

Akka ist fast immer vor Ort und zugegen. Er erkennt es am Blick des Kunden, wenn das Fieber ihn gepackt hat, dann fragt er nur kurz, ob man Hilfe braucht. Er weiß fast alles, auch das, was man selbst schon längst vergessen hat. Er findet das Album auch dann, wenn man ihm nur beschreibt, wie es aussieht. Er erkennt den Song, wenn man anfängt zu summen. Er weiß, welcher Musiker mit welcher Band wann auf welchem Album verewigt ist. Und wenn man dem Bann verfallen ist und plötzlich doch weiß, was man haben will, dann holt Akka die richtige LP aus seinem Archiv. Und mit etwas Glück darf man manchmal mit ihm dorthinein. Es eröffnen sich Wände voller LP-Regale. Bis zu 25.000 Platten hat er im Blick oder besser im Ohr. Da findet sich fast alles. Und wenn nicht, dann wird gemeinsam gesucht, bestellt und besorgt.

Adresse Donnerschweer Straße 99, 26123 Oldenburg | ÖPNV Bus 314, 323, 460, Haltestelle Weser-Ems-Halle | Öffnungszeiten Mo–Fr 14–18 Uhr, Sa 10.30–14 Uhr | Tipp Mit »Litfaß« in der Lindenstraße 56 ist eine echte alteingesessene Kneipe nicht weit. Dort kann man noch zünftig essen und trinken, manchmal bei Livemusik und bei schönem Wetter sogar im Garten.

5 Das Anton-Günther-Haus

Wer kann schon einen Kranich reiten?

Dass dieses Haus alt ist, sieht man auf den ersten Blick. Das älteste Haus der Stadt ist es zwar nicht, aber es ist eines der Häuser, die direkt nach dem historischen Stadtbrand von 1682 errichtet wurden. Als Kaufmannshaus erbaut, diente es später als Tabakwarenfabrik, bevor es 1894 zum wichtigsten Hotel der Stadt avancierte.

Aus dieser Zeit stammt auch das Außenfresko, das den Grafen Anton Günther auf seinem Lieblingspferd namens Kranich zeigt. Graf Anton Günther war sicherlich einer der größten Diplomaten seiner Zeit und schaffte es, die Stadt und ihre Bürger aus dem Dreißigjährigen Krieg völlig herauszuhalten, indem er seine besten Pferde an die Belagerer verschenkte. Sein absolutes Lieblingspferd, einen weißen Schimmel mit einer unendlich langen Mähne, hat er aber selbst von seinen vermeintlichen Feinden geschenkt bekommen:

Der Sage nach nächtigte Graf Anton Günther auf einer seiner diplomatischen Reisen eher unfreiwillig in einem verfallenen Schloss in Holstein. Dort geriet er in die Fänge zwielichtiger Gestalten, einer Gruppe von Münzfälschern. Dem Tod entkam der Graf nur, weil er überzeugend darlegen konnte, sein Volk wisse, wo er sich befinde, und falls er nicht zurückkehre, wären die Fälscher des Todes. Die Fälscher ließen ihn gehen, nahmen dem Grafen aber das Versprechen ab, sie nicht zu verraten. Jahre später klopfte es an des Grafen heimische Tür, und ein altbekannter Falschmünzer schenkte ihm das weiße Prachtpferd namens Kranich als Dank für das gehaltene Wort und den ausgebliebenen Verrat.

Waren es wahre Diplomatenzüge, Vortäuschung falscher Tatsachen oder Beihilfe zu krimineller Handlung, die dem Grafen damals das Leben gerettet haben? Den Oldenburgern hat der Graf jedenfalls Frieden und Kranich gebracht. Jahr für Jahr kann man ihn noch immer auf seinem Kranich reiten sehen – beim alljährlichen Kramermarktsumzug reitet er allen anderen voran.

Adresse Lange Straße 76, 26122 Oldenburg | ÖPNV fast alle Buslinien, Haltestelle Lappan | Öffnungszeiten von außen immer zu besichtigen | Tipp In der Langen Straße 73 befindet sich seit 1859 das Traditionsgeschäft Munderloh, das älteste Fahrradgeschäft Oldenburgs.

6 Die Artothek

Große Kunst fürs kleine Zimmer

Schon allein das Gebäude blickt auf eine Geschichte zurück, die für Offenheit und Gemeinnützigkeit steht. In diesen Mauern wurde nämlich 1872 die erste Kinderklinik der Region, das Elisabeth-Kinderkrankenhaus, eröffnet, das sich aus Geldern der gleichnamigen Stiftung finanzierte. Stuckverzierte Schriftzüge an den Mauern zeugen noch davon. Damals war Gesundheit nicht selbstverständlich, und Medizin stand nicht allen Schichten, vor allem nicht Kindern, zur Verfügung.

Ähnlich ist es mit der Kunst: Auch diese steht oft nur den Privilegierten offen. Großformatige Kaufhauskunst hängt zwar in vielen Wohnzimmern, aber einen echten Monet hat kaum je einer gesehen, und einen Horst Janssen hat man zu Hause allenfalls als Druck.

Hier geht es anders, die Artothek macht es möglich. Als größte Kunstausleihe Niedersachsens lädt sie zum Stöbern ein. Wahre Kunst kann von jedermann gesichtet und für zu Hause ausgeliehen werden. 2.000 Werke warten darauf, vorübergehend in das Wohnzimmer eines jeden Oldenburgers einzuziehen. So ist plötzlich auch Horst Janssen bei Ihnen zu Hause zu Gast. Man kann zwischen kleinen und großen Kunstwerken stöbern, zwischen Bildern und Skulpturen, zwischen Drucken und Fotografien, zwischen Feininger, Boris Becker und Ellen Auerbach. Wenn es gefällt, leiht man es aus, wenn nicht, genießt man es nur kurz und lässt es für andere zurück. Und wenn man nicht so genau weiß, was das Kunstwerk bedeuten soll, fragt man das Personal, das zu fast jedem Objekt eine Geschichte weiß. Die Sammlung umfasst nämlich vornehmlich die Werke zeitgenössischer regionaler Künstler.

Auch die Künstler kann man persönlich erleben. Sie sind zum Anfassen nah. Bei ihren Ausstellungen sind sie oft zugegen und werden so greifbar und ihre Kunst begreifbar gemacht. So wird hier Kunst mit Leben gefüllt.

Adresse Peterstraße 1, 26121 Oldenburg | **ÖPNV** Bus 306, 308, 310, Haltestelle Julius-Mosen-Platz C | **Öffnungszeiten** Mo, Do 15–19 Uhr | **Tipp** Auf der anderen Straßenseite befindet sich der »Synagogenstein«, ein Gedenkstein, der an den alten Standort der jüdischen Synagoge erinnert, die 1938 in der Reichspogromnacht zerstört wurde.

7 Der alte Schlachthof

Die Weiße Nacht und die Zeit danach

An der neuesten und feinsten Promeniermeile der Stadt steht Neues und Altes nebeneinander. Die Gemüter erregen sich über die Stadtplaner, Alte hätten gerne Altes bewahrt, Junge hätten am liebsten noch mehr Raum für Neues. Daher ist der Platz vor dem schönsten verbliebenen Haus an der heutigen Hafenpromenade ein geeigneter Ort, um alte Geschichten gegenwärtig werden zu lassen.

In diesen Gebäuden befand sich vor 100 Jahren das Gasthaus zum Schlachthof. Bis zu seiner Schließung wurden darin durchaus renommierte Gäste beherbergt. Eine Hafenkneipe diente den Schiffern, den Fahrgästen, aber vor allem auch den Arbeitern des dahinter gelegenen Schlachthofs zur Entspannung. Nach einem harten Arbeitstag wurde so der Feierabend oder das kurze Wochenende eingeläutet.

Noch bis 1983 wurde auf dem Gelände geschlachtet, der Gestank vermischte sich mit anderen Gerüchen und durchdrang die Stadt. Anschließend standen die Hallen leer. In den vorderen Häusern zogen Kreative und Künstler ein, nach und nach entstanden Ateliers und Probenräume. Eine Künstlerszene etablierte sich, aber die Nutzung der Schlachthofhallen wurde ihnen verwehrt.

Damit die Situation der Öffentlichkeit bekannt wurde und in der Hoffnung, dass ein vielschichtiges Kulturzentrum entstehen werde, wurden 1985 von Künstlern freie Veranstaltungen wie die »Weiße Nacht« organisiert, eine Kulturperformance, bei der weiß gekleidete Besucher in weiß gekachelten Schlachthallen Theater, Musik und Kunst erleben und prägen konnten. Die Polizei griff daraufhin ein, und die Stadt ließ das gesamte Gebäude wenige Tage später abreißen. Die Offiziellen hatten über die Freien gesiegt. Die Presse schwieg weitgehend, es wurde der Schleier des Vergessens darübergelegt. Nur wenige können sich daran erinnern, es gibt aber immer noch aktive Künstler, die die »Weiße Nacht« als ihre erste Ausstellung in ihrer Vita pflegen, und die Anfänge der Kulturetage Oldenburg stehen mit diesen Tagen im Zusammenhang.

Adresse Stau 119, 26122 Oldenburg | **ÖPNV** fast alle Buslinien, Haltestelle Hauptbahnhof Süd | **Öffnungszeiten** von außen immer zu besichtigen | **Tipp** »Glut & Wasser« ist ein guter Name für einen Gastronomiebetrieb, der an diesem kontroversen Architekturflecken auch einen kulinarischen Diskurs führen will. In stylishem Rahmen können Sie Omas Stullen und Enkels Burger genießen.

8 Das Bahndammgelände

Wo die Natur über die Struktur siegt

Gut getarnt im städtischen Gewirr, von außen kaum erkennbar, auf Karten als Brachfläche vermerkt, versteckt sich dieses Idyll am Rande der Stadt. Der unscheinbare Zugang direkt an der Kreuzung Bahnhofsallee / Klingenbergstraße führt scheinbar ins Nichts. Wenn man es allerdings wagt und die kleine Anhöhe auf dem ehemaligen Bahndamm an einem vergessenen Apfelgarten vorbei erklimmt, eröffnen sich ungeahnte Räume, und ein weites Gelände liegt vor dem Auge des Besuchers. Sandflächen, Reste eines Kies- und Schotterbettes werden hier sichtbar, jedoch muss man von Jahr zu Jahr mehr danach suchen, denn Pflanzen, Kräuter, Büsche und Bäume übernehmen inzwischen die Führung.

Für den aufmerksamen Betrachter sind noch Zeugen des Alten erkennbar. Mauerreste, vermoderte Bahnschwellen und Stahlkonstruktionen lassen erkennen, dass auf diesem Areal einst Wichtiges geschah. Hier waren früher 44 Kilometer Gleise und über 200 Weichen verlegt, hier standen Lokschuppen, Stellwerke und Wassertürme. Über dieses Schienengewirr wurden täglich bis zu 2.000 Waggons rangiert. Es war ein Knotenpunkt des überregionalen Güterverkehrs. Doch mit der Verlagerung der Transportwege auf die Straße verlor der Rangierbahnhof an Bedeutung und wurde 1976 schließlich stillgelegt, die Gleise wurden nach und nach zurückgebaut. Seitdem erobert die Natur die Fläche für sich.

Die besonderen Bodenverhältnisse des aufgeschütteten Sandkörpers bieten schutzbedürftigen Pflanzen und Tieren eine neue Heimat. Selten gewordene Gräser und Blüten eröffnen Lebensräume für verschiedenste Tierarten. Seit 1998 ist das Gelände ein Naturschutzgebiet. Der Mensch kann sich hier in die Natur einfügen, behutsam mit Kind und Hund auf den Wegen spazieren und aufmerksam nach Spuren alter Infrastruktur oder neuer Biosphären Ausschau halten. Auf den weiten Flächen und den engen Wegen gibt es für alle viel zu entdecken.

Adresse Ecke Bahnhofsallee 290/Klingenbergstraße 228, 26133 Oldenburg | **ÖPNV** Bus 323, Haltestelle Klingenbergstraße | **Tipp** Am Sprungweg findet man einen Zugang zum weiterhin genutzten Truppenübungsplatz der hiesigen Kaserne. Ausgedehnte Wanderungen sind dort möglich, wenn man die Übungszeiten und Hinweise in den Informationskästen beachtet.

9 Die Balustrade der Romantik

Im Schoß des roten Palais

Es gibt nur einen schönen Blick auf das rote Palais in Oldenburg, aber dieser Blick ist gigantisch. Mehr Romantik geht nicht. Hier stehend kann man gar nicht beschreiben, was einen am meisten beeindruckt, am meisten betört: Ein breiter Kiesweg öffnet sich malerisch und wendet sich dem Schlossteich zu. Seine ufernahe Seite ist von einer säulenartigen Brückenmauer umgrenzt, der Balustrade. Sie steht schon lange an diesem Ort. 1889 wurde sie zu Ehren der Erbgroßherzogin Elisabeth Anna erbaut und ist seitdem ein Anziehungsmagnet für Oldenburger wie für Besucher. Hier hat man schon immer eine Pause eingelegt, hat den Blick in die Ferne schweifen lassen, das erste Mal die Hand berührt, das erste Mal geküsst.

Auch heute ist der Besuch der historischen Balustrade Pflicht für alle Hochzeitsfotografen und Sonntagsspaziergänger. Hier werden Enten von Kindern und Kinder von Eltern gefüttert. Auf der Wiese wird gepicknickt, gespielt und gelernt. Und das Elisabeth-Anna-Palais am anderen Ufer des Schlossteiches thront darüber. Es wurde 1894 bis 1896 im Stil der Backsteinrenaissance für die erkrankte Gemahlin des Erbgroßherzogs als Wohnsitz erbaut. Sie verstarb zwar vor der Fertigstellung, das Palais trägt aber bis heute ihren Namen. Der Herzog zog dann mit seiner zweiten Gemahlin ein. Doch die Zeiten änderten sich – die Ära der Fürsten und Herzöge neigte sich dem Ende. Als 1918 die Zeichen auf Sturm und Drang standen und auf dem Schloss und dem Palais die rote Fahne gehisst werden sollte, beugte sich der Herzog, dankte ab und zog sich nach Rastede zurück.

Das rote Palais blieb und wurde seitdem repräsentativ, aber volksnah genutzt. Es diente schon als Armenküche für Bedürftige, als Trauungspalais für Nazi-Funktionäre und als Offizierscasino für Besatzungsmächte. Heute nimmt es als Sozialgericht wieder die Rechte der Schwachen wahr.

Adresse Schloßwall 16, 26122 Oldenburg | ÖPNV fast alle Buslinien, Haltestelle Pulverturm | Öffnungszeiten Schlossgarten: 8–20 Uhr oder bis Einbruch der Dunkelheit | Tipp Die Krokuswiesen im Frühling, der Rosengarten im Spätsommer und das ganzjährige Gewächshaus im Schlossgarten zählen zu den schönsten Idyllen der Stadt.

10 Die Bauwerkhalle

Alter Baubestand für die Zukunft

»Aufnahmezustand!« – es könnte das Wort der Jahre 2015/16 sein. Jahre, in denen Europa das Wort Migration neu definieren musste, in denen auch die stabilsten gesellschaftlichen Strukturen auf die härteste Probe gestellt wurden. Ein Ausnahmejahr, ein Ausnahmezustand.

Die Bauwerkhalle wandelte kurzerhand die Destruktivität in Konstruktives um. Aus Ausnahmezustand wurde Aufnahmezustand, das Programm für 2016. Ein großes Wort, das viel sagt und noch mehr verspricht. Es ist nicht nur ein Titel, nicht nur ein Spruch. Es geht um mehr. Was können Architektur und Städtebau für den Sinn und Erfolg eines guten Zusammenlebens in Stadt und Land leisten? Wie hängen sie voneinander ab, wie können sie sich gegenseitig beeinflussen, ergänzen oder fördern?

Das Oldenburger Forum für Baukultur kümmert sich um diese und andere Fragen, und die Bauwerkhalle steht als Wahrzeichen dafür, als Wahrzeichen für die Offenheit der Stadt gegenüber dem und den Neuen, als Zeichen der Oldenburger für Integration, als Zeichen des Nordens für Innovation. Welcher Ort könnte dafür besser geeignet sein als eine alte Maschinenhalle, ein Dokument der Industrievergänglichkeit?

1890 wurde diese Halle eingeweiht und ursprünglich einer industriellen, viel später einer öffentlichen Nutzung zugeführt. 2012 musste sie wegen erheblicher statischer Mängel für den Publikumsverkehr geschlossen werden. Erst nach dem teuren Einbau einer Spezialstahlkonstruktion konnte sie wiedereröffnet werden. Das Dach ist noch das alte, eine Heizungsanlage gibt es nicht. Daher ist die Halle in den Wintermonaten nicht richtig nutzbar. Ohnehin ist die Zukunft der Bauwerkhalle ungewiss. Derzeit streiten Betreiber und Nutzer über weitere Konzeptionen. Kulturschaffende, Architekturinteressierte und Förderer der Inklusion stehen sich mit ihren Ideen gegenüber. Bleibt zu hoffen, dass dabei ein Konsens erzielt wird und nicht Kultur und Inklusion gegeneinander ausgespielt werden.

Adresse Pferdemarkt 8, 26121 Oldenburg, www.bauwerk-oldenburg.de | ÖPNV Bus 301, 302, 304, Haltestelle Pferdemarkt | Öffnungszeiten Einlass bei Veranstaltungen, von außen immer zu besichtigen | Tipp In der Johannisstraße 5 hat Martin Michalke seine Meisterwerkstatt. Hier werden individuelle Streichinstrumente angefertigt, auch nach historischen Vorbildern, wie zum Beispiel einer Stradivari. Ein Blick ins Fenster lässt die Spannung wachsen, ein Besuch ist nach Absprache möglich.

11 Die Berliner Bären

Unzertrennlich und unerschütterlich

Diese Bären haben schon viel gesehen, viel erlebt, Höhen und Tiefen hinter sich gebracht. Die Bären kann nicht mehr viel erschüttern. Dafür wurde um sie herum schon vieles erschüttert: Die Innenstadt wurde oft neu geplant, Bauwerke wurden abgerissen, neu errichtet und wieder abgerissen. Die Gesellschaft hat sich mehrfach gewandelt, die Menschen änderten ihre Ziele, die Stadtherren ihre Konzepte, die Politiker ihre Visionen. Aber die Bären sind immer noch da.

Seit 1965 stehen sie in der Mitte der Stadt, beobachten und beglücken die Passanten. Damals war man froh, die Kriegszeiten überwunden zu haben. Altes musste weichen, ein modernes Hallenbad wurde hier errichtet, die Stadt präsentierte sich neu. Die Handwerker und ihre Kammer sammelten für Oldenburg und die Kunst. Paul Halbhuber, ein Bremer Künstler, durfte die »Drei stehenden Bären« in Bronze auf dem »Berliner Platz« aufstellen, als Zeichen des neuen Geistes und alter Verbundenheit. Sie symbolisierten die Verbundenheit mit Berlin in der Krise, damals eine geteilte Stadt mit gerade neu errichteter, weltentrennender Berliner Mauer. Oldenburg bekannte sich mit den drei Bären zu Berlin, aber auch zu einer Aufgeschlossenheit gegenüber der Modernität und der Kunst. Die Residenz-Ära war vorüber, hier sollte der Nabel der Oldenburger Welt entstehen.

Im Laufe der Zeit musste das alt gewordene Hallenbad einem Shoppingcenter weichen, der Schloßplatz wurde aufgehübscht, die postalische Adresse »Berliner Platz« verlegt. Die Bären wurden abgebaut und fast vergessen. Sie lagerten mehrere Jahre in Hallen des Fliegerhorsts, bis sich die Oldenburger zu Wort meldeten und die Bären zurück in ihrer Stadt haben wollten. Nun stehen sie wieder mitten unter uns und schauen zu, wie Kinder Eis essen, Teens skateboarden, Pärchen sich küssen und Oldenburger sich auf dem Flohmarkt grüßen.

Adresse Schloßplatz 3, 26122 Oldenburg | ÖPNV fast alle Buslinien, Haltestelle Schloßplatz | Tipp Auge in Auge stehen sich die Bären und der große Oldenburger Peter Friedrich Ludwig gegenüber. Sein Denkmal ist leicht zu übersehen, die Person aus der Stadt aber nicht wegzudenken.

12 Die bewegte Cäcilie

Einfach warten, es nützt ja nix …

Auch wenn sie inzwischen alt und marode ist, auch wenn sich ihre Türme unter der schweren Last zu neigen beginnen, auch wenn ihr der Abriss droht und der Denkmalschutz sie nicht rettet – sie ist und bleibt ein Erlebnis. Egal, ob mit dem Auto, mit dem Fahrrad, zu Fuß oder mit dem Schiff, das Passieren ist jedes Mal ein Abenteuer. Wie ein Wehrturm thront die Cäcilienbrücke an der Grenze zur Innenstadt und gleicht einer Zugbrücke vor einer mittelalterlichen Festung. Sie lässt auch nicht jeden passieren, zumindest nicht zu jeder Zeit.

Am spannendsten ist es in den Morgenstunden, wenn alle gleichzeitig dieses Nadelöhr passieren wollen und Hunderte von Schülern auf ihren Fahrrädern über diesen Weg überfällig zum Unterricht eilen. Dann erklingt eine alte scheppernde Glocke, kurz darauf schließen die Tore, das Schauspiel, ein Drahtseilakt, beginnt. Ein ausgeklügeltes Seilsystem hebt die Fahrbahn 3,5 Meter in die Höhe. Viele Male am Tag, seit fast 90 Jahren, sorgt die Brücke für eine Auszeit im Straßenverkehr, ein Wunder der Entschleunigung. Egal, ob der Lehrer schon die Anwesenheitsliste kontrolliert oder den Vokabeltest austeilt, der Schüler weiß in dem Moment, in dem die Warnglocke ertönt, dass er sich schon wieder verspäten wird, und er kann auch diesmal einfach nichts dafür … Da kann man zwar obendrüber, aber nicht untendrunter und auch nicht richtig umzu, wie der Oldenburger sagt. Da muss man einfach mittendurch. Und das dauert. Absteigen und warten. Da kann man auch nichts mehr machen. Einfach warten, nützt ja nix …

Nach Minuten, wenn das Schiff vorübergefahren und in sicherer Entfernung ist, geht das Schauspiel rückwärts. Die Warnglocke ertönt, die Brücke senkt sich, alles erwacht. Wie bei einem Stadtrennen stehen jetzt bis zu 100 Fahrräder in Position, alle in der Poleposition. Die Tore öffnen sich, das tägliche Oldenburger Radrennen beginnt …

Adresse Bremer Straße 1, 26135 Oldenburg | **ÖPNV** Bus 270, 280, 289, Haltestelle Staatsarchiv/Museum | **Öffnungszeiten** Hebezeiten je nach Schiffsaufkommen | **Tipp** Sollte es eines Tages die Hebebrücke nicht mehr geben, ein Street-Art-Bildnis in der Bremer Straße 18 wird ihren Anblick hoffentlich für lange bewahren.

13 Die Blindenführhunde

Am Wunderburgpark fing es an

Der Wunderburgpark hat eine sehr lange Geschichte. Schon Ende des 17. Jahrhunderts schenkte Graf Anton Günther diesen Renaissancepark seiner Gemahlin. Er besaß damals eine exotische und wunderliche Ausstattung, davon leitete sich auch der Name ab. Danach wechselten die Nutzungen und Besitzer über die Jahrhunderte. Die Flächen drum herum wurden mal kommerziell, mal als Wohngebiete genutzt. So auch heute. Aber die Nutzung mit dem größten historischen Charakter blickt jetzt auf eine 100-jährige Geschichte zurück.

1916 hat nämlich der Deutsche Verein für Sanitätshunde hier einige Gebäude errichten lassen und die ersten Hunde systematisch zu Blindenführhunden ausgebildet. Im Ersten Weltkrieg erblindeten zahlreiche Soldaten durch die Anwendung von Giftgas. Um ihnen nach der Heimkehr eine bessere Integration zu ermöglichen, wurde in Oldenburg eine gezielte Ausbildung der Hunde aufgenommen. 1916 wurde der erste Hund an einen ehemaligen Soldaten übergeben, 1917 waren es 100, 1919 bereits 500 Hunde. Die Ausbildung entsprach seinerzeit den damaligen »zeitgenössischen« Maßstäben – so wurde den Hunden das Wissen mit Hieb und Stock eingeprügelt. Die Anwohner beschwerten sich offiziell, das »Gejammer« der Tiere sei nicht zu ertragen. Dem großen Bedarf an Blindenführhunden musste begegnet werden, die Ausbildungszeiten wurden verkürzt. Weitere Ausbildungsstätten für Blindenführhunde entstanden deutschlandweit. Viele Jahre später nahmen sich große Persönlichkeiten der Forschungswelt wie Jakob von Uexküll des Themas an und verbesserten die Ausbildungsmethoden.

Heute erinnert nichts mehr an diese Zeiten. Nur noch das kleine Wäldchen existiert weiterhin, weil der Verein für Sanitätshunde dies so verfügte. Blindenführhunde gibt es ebenfalls immer noch. Ihre Ausbildung ist immer noch langwierig und teuer. Bis zu 25.000 Euro kostet ein ausgebildeter Blindenführhund.

Adresse Pfauenstraße 28, 26135 Oldenburg | ÖPNV Bus 270, 311, 321, Haltestelle Schützenhofstraße | Öffnungszeiten von außen immer zu besichtigen | Tipp Kioske haben in Oldenburg eine lange Tradition. Sie sind in der Stadt allgegenwärtig und tragen, wie früher die Tante-Emma-Läden, zur Versorgung der Oldenburger bei. Der Kiosk Wunderburg an der Schützenhofstraße 26 ist ein gutes Beispiel hierfür.

14 Die Blütenresidenz

Die Macht des schönen Geschmacks

Es gibt viele Blumenhändler und zahlreiche Floristen in Oldenburg. Und es gibt noch mehr Dekogeschäfte in der Stadt. Aber das, was man an dieser Stelle entstehen ließ, lässt sich mit diesen Bezeichnungen nicht umschreiben. Vielleicht würden Titel wie »Blumendesign«, »Blumenkunst« oder »Blumenzauberei« sogar viel besser dazu passen.

Seit 2011 steht dieses Geschäft unter einer meisterhaften Regie und hat sich seitdem zu einem wahren Kleinod am Theater entwickelt. Nachhaltige und hiesige Floristik, fair gehandelte Blumen und anspruchsvolle Handarbeit sind für den Besitzer die Schlüssel zu individuell gestalteter Blumenpracht. Jede einzelne Blüte hat sowohl im Blumenhaus als auch im späteren Blumenstrauß ihren ganz speziellen Platz. Kein Strauß ähnelt dem anderen, keine Blüte scheint bekannt, kein Zweig wie aus der Massenware. Jeder, der hier kauft, nimmt seine ganz persönliche Blumennote mit nach Haus. Und wenn der einzelne Strauß nicht reicht, so inspiriert der Einblick in die engen Räume zu einer Reise in das märchenhafte Land der Gärten, der Schlösser, der schönsten Seiten des Landlebens. Kein Wunder, dass Blumenpracht vom Theater nicht nur hier zu bewundern ist. Landpartien und Schlossfeste werden mit dieser Kunst geschmückt, Fotografen und Fotomodelle nehmen sie in ihre Arbeit auf, Künstler nutzen sie zur Untermalung. Und das hat in diesem Haus eine lange Tradition.

An der Fassade erstrahlen entlang des Gurtsimses Wappenschilder der Häuser Oldenburg und Mecklenburg gemeinsam unter einer goldenen Herzogskrone. Wahrscheinlich wurden diese um 1895 anlässlich der Eheschließung des Herzogs Friedrich August mit Elisabeth von Mecklenburg-Schwerin angebracht. Eine enge Verbindung des Hauses Nummer 14 zum Hof bestand damals schon, denn hier wohnte der Hoftheater-Maschinenmeister, während sich im Haus Nummer 16 das Geschäft des Blumenhoflieferanten befand.

Adresse Gaststraße 14, 26122 Oldenburg | **ÖPNV** fast alle Buslinien, Haltestelle Pulverturm | **Öffnungszeiten** Mo–Fr 8–18 Uhr, Sa 8–16 Uhr | **Tipp** Im Hutsalon Marion in der Gaststraße 17 werden noch Hüte auf Maß und per Hand gefertigt. Traditionelles und Innovatives wird hier hergestellt und repariert.

15 Der Bootsverleih-Kiosk

Eine Auszeit auf der Mühlenhunte

Es war einmal ein märchenhafter reetgedeckter Kiosk, den die Väter der Stadt in einen Dornröschenschlaf versetzten …

Auf den Straßen tobt der Verkehr, Autofahrer scheinen gestresst, Fahrradfahrer mit eingebauter Vorfahrt mischen sich dazwischen. Alle Blicke auf die nächste Ampel gerichtet, den Fuß startklar am Gas- oder Fahrradpedal. Dann noch Fußgänger, die das Grün der Ampel nicht verpassen wollen. Da bleibt kaum Zeit und Muße für einen Blick ins Grüne. Nur die Kinder, oft an der Hand ihrer Mutter, schauen hier stets zu einer Seite, nur für sie scheint dieses Fleckchen interessant, spannend und eines Haltes wert.

Aber was lenkt die Blicke der Kinder gezielt auf diesen Ort? Es scheint nur eine einfache Bretterbude zu sein, ein Kiosk nach alter Tradition. Links und rechts alles voller Zeitungen, Illustrierter und Magazine. Erst der zweite Blick lässt an der Seite des Kiosks eine kleine Treppe entdecken, die einige Stufen hinunterführt, wie es scheint unter die Brücke, auf der der Alltag braust. Am Ende der Stufen steht man auf einem Holzsteg, der sich entlang der Mühlenhunte erstreckt. Erst dort findet sich das Herz des zauberhaften Kiosks: An diesem Steg sind Tretboote festgemacht. In allen Farben liegen sie hier in Reih und Glied. Sie rufen fast hörbar nach den Passanten. Sie laden ein zu einer Fahrt ins Grüne und Unbekannte.

Steigen Sie ein, folgen Sie Ihrem Kind oder auch dem Kind in Ihnen. Nehmen Sie einen Kakao mit auf die Reise oder, wenn es passend erscheint, auch ein romantischeres Getränk und entfliehen Sie für einen oder zwei Momente der Hektik des Tages. Die Mühlenhunte wird Ihnen den Weg weisen, und das Boot wird sie tragen in die verwunschene Landschaft des Schlossgartens. Für eine kurze Zeit gehört der Moment nur Ihnen.

Für heute bleibt aber die Hoffnung, dass eines Tages ein Prinz kommt, der den Kiosk wieder wachküsst.

Adresse Elisabethstraße 1, 26122 Oldenburg | ÖPNV fast alle Buslinien, Haltestelle Schloßplatz | Öffnungszeiten So–Fr 10–18 Uhr, Sa 10–16 Uhr, in den Wintermonaten kein Tretbootverleih | Tipp Direkt vis-à-vis dem Kiosk öffnen die Großherzoglichen Sammlungen ihre Tore für Liebhaber der Kunst. Die alten Meister des Goldenen Zeitalters warten im Augusteum, die neuen Meister – unter anderem mit Werken der Brücke-Maler – im Prinzenpalais auf.

16 Die Börteboote

Hafenliebe mit Charakter

Die »Liebe« und die »Marianne« legen regelmäßig vom Oldenburger Stadthafen ab. Die beiden haben eine bewegte Geschichte. Sie haben viele Jahre auf See verbracht und sind zwar klein, aber dafür richtig hochseetauglich. Ohne sie wäre die einzige deutsche Hochseeinsel nicht wirklich per Schiff erreichbar gewesen.

Helgoland war schon immer etwas Besonderes, und die Überfahrt nach Helgoland bleibt eine Attraktion für sich. Wer sich mit dem Schiff dorthin begibt, muss schon recht seefest und abenteuerlustig sein. Der Hafen von Helgoland darf nämlich nur von wenigen Schiffen direkt angelaufen werden. Seebäderschiffe müssen auf der Helgoländer Reede ankern. Die Passagiere werden dann vom Schiffsdeck in die kleinen Börteboote verladen, die die Gäste anschließend auf die Insel bringen. Dieses Ein- und Ausbooten braucht bei dem üblichen Seegang auf der Hochsee die tatkräftige Unterstützung von zwei echten Seebären, die nichts dem Zufall überlassen, sondern die Passagiere mit starker Hand im Boot platzieren. So ein Börteboot braucht ebenfalls einen starken Motor, um das etwa zehn Meter lange und acht Tonnen schwere Eichenboot gegen Wind, Wetter und die Wellen der Nordsee sicher in den Hafen zu bringen.

Die »Liebe« und die »Marianne« wurden 2005 aus ihrem Hochseedienst entlassen und vor dem Untergang bewahrt. In Oldenburg fanden sie eine neue würdige Heimat, schließlich ist Oldenburg auch eine Seehafenstadt. Heute kann man von ihnen aus die Bauwerke des Stadthafens betrachten und bekannten und unbekannten Stadtgeschichten lauschen. Seemannsgarn umwebt dabei den Gast, eine Unterscheidung von wahr und erdacht ist oft schwierig. Die Erzählungen der Bootsführer entführen den Passagier in fremde Welten. Mit ein bisschen Glück wird die Cäcilienbrücke, wenn Sie sich ihr auf dem Wasser nähern, für Sie persönlich gehoben, und Sie gleiten langsam darunter hinweg. Dieses Schauspiel bleibt unvergesslich.

Adresse Stau 34, 26122 Oldenburg | ÖPNV fast alle Buslinien, Haltestelle Schloßplatz | Öffnungszeiten Sa, So 13–16 Uhr und nach Vereinbarung, von außen immer zu besichtigen | Tipp Den kleinen Hunger vor oder nach der Bootstour können Sie gut bei Sultan in der Ritterstraße stillen. Der orientalische Feinkostladen versorgt Sie mit frischem Obst, Gemüse und feinsten Spezialitäten zum Mitnehmen oder Sofortessen.

17 Die Brauerei-Villa

Ein Schmuckstück der Gründerzeit

An der Stelle, an der die Ziegelhofstraße auf die Auguststraße trifft, kann man über einen alten schmiedeeisernen Zaun und ebenso alte Grünanlagen auf ein Prachtstück des Villenstils blicken. Man sieht nicht viel, aber das, was man sieht, verspricht große Geschichten. Diese Villa ist ein Prachtbau der Residenzarchitektur des 19. Jahrhunderts. Hohe Räume verbergen sich hinter hohen Fenstern, gestreckten Säulen und zarten Skulpturen. Alles scheint hier emporzustreben. Hoch, dem Himmel entgegen. Hier wohnten keine Arbeiter, hier repräsentierte der Chef, empfing Gäste und Geschäftspartner, residierte mit Herzögen und regierte über die Firma. Welche Firma war es aber, die so einen Glanz ermöglichte?

Damals wie heute konnte man das meiste Geld mit Verbotenem verdienen. Und wenn man Verbotenes in der Öffentlichkeit tun wollte, brauchte man damals wie heute eine Spezialerlaubnis. Damit der Staat, der die Reglementierung ausspricht, auch mitverdient, vergibt er Konzessionen. Hier produzierte man mit Hilfe von solchen Konzessionen Alkohol fürs Volk. Auf den umgebenden Grundstücken stand eine der Oldenburger Brauereien. 1873 gegründet, wurde sie mehrfach veräußert und 1927 an die Hamburger Bavaria-St. Pauli-Brauerei verkauft. Bis 1973 hat man hier 20.000 Flaschen Astra-Bier pro Stunde abgefüllt. Damals war es ein einfaches Bier für jedermann, ein Bauarbeiterbier, ein Billigbier. Die Produktion hat man eingestellt, die Brauereigebäude abgerissen, auf den Grundstücken postmoderne Zweckgebäude gebaut. Die Villa geriet in Vergessenheit, die Grünanlagen verbargen sie immer mehr.

Heute ändert sich die Sicht der Dinge. Die Brauerei ist längst vergessen. Astra ist aber zur Kultmarke geworden, die bauchige Flaschenform hipper denn je, und kleine Brauereien mit geringen Produktionszahlen dürfen Raritätenzuschlag erheben. Nur die Villa wartet noch auf ihre Wiederentdeckung.

Adresse Ziegelhofstraße 91, 26121 Oldenburg | **ÖPNV** Bus 308, Haltestelle Industriestraße | **Öffnungszeiten** nur von außen zu besichtigen | **Tipp** Figuren und Skulpturen an der Auguststraße und der Ziegelhofstraße zeugen auch heute noch von der reichen Gründerzeit in der Stadt. Wenden Sie den Blick nach oben und betrachten Sie Giebel, Erker und Fensternischen.

18 Das bunte »Polyester«

Alles, nur nicht gewöhnlich

Eingequetscht zwischen Bauten der 1960er Jahre und Sanierungsbrachen steht das »Polyester« und trotzt dem Zeitgeist. Im Stil der 1970er Jahre strahlt es in seinem altrosa-gelborangenen Anstrich über die Straßen und Zeiten hinweg. Seit über zehn Jahren ist das »Polyester« ein Ort der Kultur. Ein Ort der »Alternativen Klubkultur jenseits des Mainstreams«, wie es sich selbst beschreibt. Ein Ort der Auseinandersetzung, der Interaktion und der Polarisation. Menschen zwischen 18 und 80 sollen sich hier wohlfühlen, sich in Sessel fläzen und miteinander klönen. Für Student und Malocher wird in dem Club Musik gemacht, gelesen und geslamt. Skurriles steht auf dem Programm, das Bier gibt's am Tresen oder am Automaten, ein Innenhof versprüht städtische Ruhe inmitten des Stadtverkehrs.

Als das »Polyester« einzog, war das Haus vergessen und marode. Keine zehn Jahre später aber witterten Investoren gute Renditen. Das Haus sollte, wie die anderen in der Straße, verkauft und abgerissen und der Grund teuer bebaut werden. Da regte sich in der Poly-Szene und auch in der Öffentlichkeit Widerstand. Erhaltungs- und Rettungskonzepte wurden diskutiert, die Medien konnten nicht mehr ignorieren, die Offiziellen sollten reagieren. Da diese aber keine Stellung bezogen, nahm die Poly-Gemeinschaft es selbst in die Hand. Im Herbst 2013 wurde eine genossenschaftliche Rettung erwogen. Die »Polygenos Kulturräume eG« gründete sich, die ersten öffentlichen Aufrufe wurden gestartet, Medieninformationen gestreut. In kurzer Zeit fanden sich über 800 Begeisterte, die mehr als 275.000 Euro Genossenschaftsanteile aufbrachten. Polygenos kaufte die Immobilie und vermietet sie seitdem an »Polyester« und Gleichgesinnte. Die Kultur hat wieder Raum, Student und Malocher wieder einen Platz jenseits des Mainstreams bei einem Bier aus dem Automaten in einem Sessel aus den 1970ern. »Poly« heißt viel, »genos« steht für Gemeinschaft.

Adresse Am Stadtmuseum 15, 26121 Oldenburg | ÖPNV fast alle Buslinien, Haltestelle Lappan | Öffnungszeiten täglich, vor allem abends, von außen immer zu besichtigen | Tipp Die einzigen Pferde am Pferdemarkt, auf die Tag und Nacht Verlass ist, stehen in Beton gegossen auf der kleinen Verkehrsinsel direkt auf dem Weg zum Pferdemarkt. Unscheinbar und unzeitgemäß erinnert die Skulptur beständig an vergangene Zeiten.

19 Das »Café Kurswechsel«

Bildung und Ausbildung im Wechselkurs

An einer Volkshochschule kann vieles spannend sein. Hier findet man das Spannende schon am Anfang. Bereits beim Betreten der Eingangshalle fällt deren einladender Charakter auf. Man kann an einem der kleinen Tische, einer Sesselgruppe oder an einem Stehtisch haltmachen. Und das tun auch viele, nicht nur die Kursteilnehmer aus der Volkshochschule. Dieser Raum wird durchaus gezielt aufgesucht, zum Beispiel um vor der nächsten Zugfahrt eine Pause einzulegen oder um eine Arbeitsgruppe außerhalb des eigenen Büros zu bilden. Im Kurswechsel kommt man ins Gespräch.

Die Tische sind dezent geschmückt, das Angebot übersichtlich, die Karte einfach gestrickt. Wirklich einfach? Wenn man genauer hinschaut, kommt man ins Grübeln. Warum sind neben den unterschiedlichen Kaffeebezeichnungen noch zusätzlich Bildchen gemalt? Diese sehen nicht dekorativ, dafür nahezu gleich aus. Identisch sind sie aber ganz und gar nicht. Erst bei genauerem Hinschauen erkennt der uneingeweihte Gast, dass es Piktogramme sind. Das Symbol ist bei jeder Kaffeespezialität schließlich ein anderes. Aber warum? Aufgelöst wird das Rätsel schnell. Es ist ein Zeichen gelebter Inklusion. Hier arbeiten Menschen mit Handicaps. Als Bedienung und hinter dem Tresen. Hier kann nicht jeder alles können. Die Piktogramme verbinden dabei alle Beteiligten. Sie stehen nämlich nicht nur auf der Karte, sie finden sich auch auf dem Bestellzettel und hinter dem Tresen. So reicht ein Kreuz, um den richtigen Kaffee an den richtigen Tisch zu bringen.

Es ist ein Genuss, nicht nur der Kaffee, sondern vor allem die gelungene Einbindung aller. Und wenn die Kaffeetasse leer ist, so wartet nach der kulinarischen auch noch eine künstlerische Abwechslung auf den Gast. Jede Etage des Gebäudes beherbergt eine aktuelle Ausstellung der VHS-Künstler. Und diese können sich immer sehen lassen. So erfahren Kunst und Mensch eine Inklusion in die Öffentlichkeit.

Adresse Karlstraße 25, 26123 Oldenburg | ÖPNV fast alle Buslinien, Haltestelle ZOB | Öffnungszeiten Mo – Do 8 – 20.30 Uhr, Fr 8 – 18 Uhr, Sa 9 – 14 Uhr | Tipp An der Seite des EWE-Arena-Rundbaus wurde mit einem überdimensionalen Graffito für Rickey Paulding ein Denkmal gesetzt. Die Baskets-Legende wirft seit über zehn Jahren für Oldenburg.

20 Die Doktorsklappe

Der vielleicht schönste Blick der Stadt

Wer eine Auszeit vom städtischen Trubel sucht, findet sie hier. Mittendrin, nur wenige Fußminuten von der Innenstadt entfernt, liegt fast vereinsamt dieser Aussichtspunkt mit Historie.

Schon in grauer Vorzeit flossen hier zwei Gewässer zusammen und gefährdeten bei hohen Wasserständen die Ortschaft. Eines Tages kam ein Gelehrter, ein Doktor, auf die gute Idee, die Wasserströme der Hunte und der Haaren mit Hilfe einer Klappe zu regulieren – daher der Name Doktorsklappe.

Später entwickelte sich Oldenburg zu einer immer größeren Stadt und Bezirksmetropole, die Wasserstraßen gewannen an Bedeutung, der Küstenkanal wurde gebaut, die Schifffahrt kam hinzu. Es siedelten sich Handel, Gewerbe und Industrie an, der Energiebedarf stieg, die Transportwege mussten leistungsfähiger werden. So wurde Anfang des 20. Jahrhunderts auf diesem Gelände ein Kraftwerk gebaut, Schleusen und Wasserschotte regulierten den Wasserstand, Hafenanlagen wurden erweitert, Brückenkonstruktionen mit Hebetechniken mussten entwickelt werden, um bei tideabhängigen Wasserständen auch den Straßen- und Eisenbahnverkehr gewährleisten zu können.

Schon 50 Jahre später änderten sich die Bedürfnisse wieder: Brücken mussten höherem Verkehrsaufkommen angepasst werden, Hafenanlagen verloren an Bedeutung, das Kraftwerk machte Platz für Wohngebäude, auf der Halbinsel der Doktorsklappe entstand eine Berufsschule. Und der Wandel geht weiter.

Wohnen am Wasser liegt heute im Trend, und so werden sowohl die Berufsschule als auch die Hafenanlagen ebenfalls weichen müssen, um teuren Edelwohnungen Platz zu machen. Die Tage der Idylle am Wasserkreuz Oldenburgs sind gezählt, der Charme des Ortes wird sich verändern. Aber auch dann wird man hier sitzen und zuschauen können, wie das Wasser steigt und fällt, wie große und kleine Schiffe enge Kehren fahren, wie Brücken sich langsam in die Höhe heben, um Schiffen, Autos und Zügen abwechselnd Durchfahrt zu gewähren.

Adresse Kanalstraße 23, 26135 Oldenburg | **ÖPNV** Bus 266, 302, 304, Haltestelle Nikolausstraße | **Tipp** Wenn man der Kanalstraße folgt, entdeckt man an der Alten Amalienstraße Reste der alten Amalienbrücke, die über dieselbe Hebetechnik verfügte wie die heutige Cäcilienbrücke.

21 Das Donnerschwee-Casino

Vom Militärgelände zur Jugendkulturarbeit

Wo noch vor gut zehn Jahren militärische Nutzung selbstverständlich war, entwickelt sich die Stadt neu und weiter. Auf dem über 18 Hektar großen Areal der Donnerschwee-Kaserne stehen viele dunkelrot geklinkerte Gebäude. Die meisten davon wurden um 1935 gebaut. Der prominenteste und größte Bau, der Thomasblock, ist deutlich älter und datiert auf circa 1880. Er hieß immer so wie seine Kommandeure, zuerst Hindenburgblock, später wurde er nach dem englischen Kommandeur Thomas, der von Hongkong nach Donnerschwee verlegt wurde, benannt.

Die Architektur ist typisch für gehobene Nutzgebäude Norddeutschlands und von einem einheitlichen Stil geprägt. Daher ist es gut und anerkennenswert, dass sich die Stadt nach der Schließung des Standortes für eine Neukonzeption der Nutzung viel Zeit gelassen hat. Heute ist der Umbau zu einem gemischten Wohngebiet weit fortgeschritten. Alte Hallenbauten mussten neuen Wohnhäusern weichen. Das ursprüngliche Globe-Kino, damals mit 450 Sitzplätzen, großer Bühne und Orchestergraben das zweitgrößte Kino Oldenburgs, wartet immer noch auf die Gnade der Zeit. Engagierte Kulturliebhaber kämpfen seit Langem für den Erhalt.

Obwohl auf diesem Gelände wichtiger und wertiger Wohnraum entsteht und die Preise für viele überhöht sein dürften, sollen auch Mehrgenerationen- und betreute Wohnkonzepte Platz finden. In dem vielleicht schönsten Gebäude, dem ehemaligen Offizierscasino, findet schon jetzt Friedens- und Kulturarbeit statt. Hier hat der Verein Jugendkulturarbeit eine Heimat gefunden und bietet beste kulturpädagogische und jugendpolitische Voraussetzungen für zeitgemäße Aufklärung. Junge Schauspieler und Regisseure bringen mutigen Stoff auf die Bühne, Ausstellungen und Diskussionen stellen Kontroverses in den Mittelpunkt, internationale Tanzprojekte fördern Integration und Toleranz. Die neuen Straßennamen »Anne-Frank-Platz« und »Weiße Rose« sind passend gewählt.

Adresse Anne-Frank-Platz, 26123 Oldenburg, www.jugendkulturarbeit.eu | ÖPNV Bus 323, Haltestelle Schlieffenstraße | Öffnungszeiten je nach Veranstaltung, von außen immer zu besichtigen | Tipp Bei einem Gang über das Gelände lassen sich immer noch viele verbliebene Originalgebäude entdecken, Graffiti schmücken alte Fahrzeughallen, das alte Globe-Kino wartet auf Besucher.

22 Der Dröge Hase

Der alte Hase ist nicht dröge

Schon Mitte des 19. Jahrhunderts gab es an der Grenze zwischen der Residenzstadt Oldenburg und dem umliegenden Ammerland diese Gaststätte. Zur ihrer Blüte kam sie aber erst, als die Eisenbahnlinie Oldenburg–Leer eröffnet wurde und der Bahnhof Wechloy und somit auch die ganze Ortschaft an Bedeutung gewann. Ganz in der Nähe des Bahnhofs gab und gibt es immer noch den »Drögen Hasen«, ein Ausflugslokal mit großem baumumsäumten Garten, damals wie heute bestens geeignet für ausgelassene Sommerfeste.

»Dröger Hase« klingt ganz schön spröde und trocken, eben dröge, wie man hier sagt. Aber ob der »Dröge Hase« wirklich für einen trockenen, weil ungespickten Hasenbraten steht oder ob der Name mit trockenen »Hoasen«, plattdeutsch für »Socken«, im Zusammenhang steht, bleibt ein Rätsel. Fakt ist aber, dass jeder, der früher von Oldenburg nach Ammerland wollte, durch das Flüsschen Haaren waten musste. Die Füße waren nass, und die triefenden Socken wurden im »Drögen Hasen« zum Trocknen aufgehängt. Erst danach zog man weiter. Dazwischen war genug Zeit für einen manchmal guten, manchmal drögen Hasenbraten.

Heute kommt der Hasenbraten im »Drögen Hasen« aus bester Küche und ist bestimmt nicht trocken. Dafür kann man trockenen Fußes die Haarenniederung erwandern. Das sollte man auch wirklich machen, denn die Landschaft ist typisch für die Flussniederungen und Moorbereiche dieser Gegend.

Zwischen Gräsern und Sträuchern zieht sich das schmale Flüsschen entlang. Die Wiesen an seinen Ufern wurden früher regelmäßig überschwemmt. Spazierwege durchqueren heute diese Feuchtgebiete. Vögel nisten in geschützten Bereichen, Menschen suchen hier Ruhe. Wenn man einen Rundgang bis zur Universität und zurück hinter sich hat, freut sich der »Dröge Hase« wieder auf seine Gäste. Und die Gäste freuen sich auch auf den Hasen, mag er dröge sein oder nicht.

Adresse Drögen-Hasen-Weg 111, 26129 Oldenburg | ÖPNV Bus 306, Haltestelle Karl-Huber-Straße | Öffnungszeiten Mo–Sa 14–23 Uhr, So 11–23 Uhr | Tipp Folgen Sie den Spazierwegen entlang der Haaren bis zum Unicampus.

23 Der Eber in Bronze

Ein Wiener Wald im Norden

Auch wenn das Eversten Holz heute mitten in der Stadt liegt und die zentrale Lage des »historischen Waldes« erstaunt, so lag es als einfaches Waldstück ursprünglich vor den Toren der Stadt. Vor fast 300 Jahren wurde es aber als repräsentativer Garten für die Stadtherren interessant. Der Schlossgarten selbst lag nicht direkt am Schloss, und seine Gartenarchitektur schien nicht zeitgemäß. So wurde das anliegende Wäldchen zu repräsentativen Zwecken im französisch-barocken Stil mit klarer Gliederung ausgebaut. Nach 1831 wurde der Garten verändert und ein der Zeit entsprechender englischer Gartenstil mit labyrinthischen Wegen umgesetzt. Sollte sich doch Prinzessin Cäcilie von Schweden, die bis dahin in Wien lebte, aber nun als dritte Frau von Großherzog Paul Friedrich August in den Norden zog, in Oldenburg an den Wiener Prater erinnern können.

Die Herzöge sind inzwischen längst Geschichte, aber der Garten wirkt bis heute herrschaftlich, und sein Wegelabyrinth verwirrt den Besucher immer noch. Heute findet der Städter hier Ruhe, Spaziergänger können historische Waldluft schnuppern, Jogger drehen ihre Runden, Kinder toben auf dem Spielplatz, Pärchen belagern die Wiesen.

Das Haupteingangstor zum Park liegt an der Ecke zur Wienstraße, wie könnte es auch anders sein? Vom Prater finden sich zwar keine Spuren, aber bis in die 1960er Jahre waren am Marktplatz Eversten noch zahlreiche Gasthäuser, Schenken und Cafés angesiedelt. Das alte Rathaus von Eversten zeugt von vergangenen Zeiten, ein Brunnen markiert das Zentrum früheren Alltags, ein Eber in Bronze mag den alten Geist der Everstener symbolisieren. Aber auch heute findet hier noch der lebendige Alltag statt. Wöchentlich bieten Marktbeschicker ihre Waren feil. Jährlich findet ein Brunnenlauf statt, ein Volkslauf, der allen Altersgruppen und sportlichen Ambitionen gerecht wird.

Adresse Hauptstraße, 26122 Oldenburg | ÖPNV Bus 301, 318, 322, Haltestelle Marktplatz Eversten | Tipp An der Hauptstraße findet sich mit »Beer Supreme« ein außergewöhnliches Geschäft mit mehr als 300 ausgesuchten Bierspezialitäten.

24 Die Ehrenhalle

Ein Pantheon des Mahnens

»Pantheon für die Krieger«, das klingt fast mystisch oder zumindest mythisch. Das Bauwerk mutet äußerlich auch huldvoll an. Es ist von der Straße einerseits nicht richtig einsehbar, andererseits doch ganz schön exponiert – etwas zurückgezogen, aber doch inmitten eines Grünareals steht die Säulenhalle mit Kuppeldach und bildet das Zentrum von etwas, was man nicht einordnen kann. Näheres erfährt man erst, wenn man sich traut, die Grünanlage zu betreten und sich dem Pantheon zu nähern.

Da steht man plötzlich vor einer ehrwürdigen Gedenkhalle, der Ehrenhalle der oldenburgischen Artillerie, einem Denkmal für die im Ersten Weltkrieg getöteten Soldaten oldenburgischer Regimente. Die säulentragende Halle ist in der Tat einem römischen Pantheon nachempfunden, seine Kreuzform beschwört christliche Werte, seine Kuppel verstärkt die majestätische Wirkung. Die Ehrfurcht lässt den Besucher klein und nichtig erscheinen. Im Inneren werden Stufen eines Altarsteins und Holztafeln mit 800 Namen der Getöteten des Ersten Weltkrieges sichtbar, zum Zweiten Weltkrieg verheißt eine Inschrift: »Namen und Zahl weiß nur Gott«.

Der Bereich um die Mahnhalle war schon immer ein Garten, genauer gesagt ein Gestütgarten des militärisch genutzten Geländes. Fast alle Gebäude um den Garten gehörten zu der alten Artilleriekaserne. Die Zeughausstraße umgibt das Gebiet, das Zeughaus selbst, ein großer Klinkerbau an der Straßenecke zur Auguststraße, beherbergte zu der Zeit die Waffen des Regimentes. Später war hier die Hauptfeuerwache der Stadt untergebracht, ebenfalls zum Schutz der Stadt.

Heute nutzt die Jade Hochschule das Areal, beispielsweise den schön sanierten Bau der jetzigen Bibliothek mit lichter Lesehalle. So kann man froh sein, in einer friedlichen Zeit zu leben, und weiter daran mitwirken, dass Bildung über den Militarismus siegt – wiederum zum Schutz der Stadt.

Adresse Ofener Straße 16a, 26121 Oldenburg | **ÖPNV** Bus 350, Haltestelle Fachhochschule | **Öffnungszeiten** durchgehend | **Tipp** Am Rande der Grünanlagen findet man Spuren des Kolonialismus mit Gedenksteinen für die in den Herero-Kriegen im südwestlichen Afrika verstorbenen Deutschen.

25 Der einstige Weinkeller

Töff-Töff, Montparnasse oder Loft

Hier spielt das Leben, tags und nachts. Und das war schon immer so. Die Baumgartenstraße ist eine der allerältesten Straßen in Oldenburg. Über lange Zeit war sie die einzige Verbindung zwischen Langer Straße und Achternstraße. Seit dem 17. Jahrhundert siedelt hier das Kleingewerbe.

Am markantesten sind die drei einheitlichen Gebäude an der Ecke, in denen sich schon 1860 Hoyers Weinhandlung und Weinkeller befand. Davon sind noch deutliche Zeichen sichtbar, so zum Beispiel das eiserne Schild mit der massigen Weinrebe und dem Namenszug des Familienunternehmens. Aber auch im Inneren der Gebäude ist man dem Genuss zugewandt, alte Kellergewölbe reihen sich aneinander. Heute werden hier keine Weinfässer mehr gelagert, keine Weine zum Verkauf angeboten. Der Ausschank ist aber nach wie vor an der Tages- oder besser Nachtordnung. In den stadtbekannten Clubs, sei es im Loft, im Cubes oder im César, kann sich jede Altersgruppe das passende Ambiente aussuchen. Studenten tanzen im Loft, Jungvolk im Cubes, und der rote Teppich vorm César spricht für die Ü-30- und Ü-40-Generation. Die Straße ist schmal und eng, aber auf kleinen Räumen finden ja oft die besten Partys statt. Ob beim Stadtfest oder nach dem Weihnachtsmarkt, ob an einem gewöhnlichen Wochenende oder bei der »Night of the Profs«, bei der Uniprofessoren die DJs in den Clubs verdrängen.

Seit Jahren, Jahrzehnten und Jahrhunderten ist die Baumgartenstraße eine gute Adresse – nachts fürs Vergnügen, tags für Klein- und Kunstgewerbe sowie Gastronomie. In den Räumen des Loft kann man gut einen Kaffee trinken oder ein Candle-Light-Dinner arrangieren. In der Baumgartenstraße haben sich schon viele Oldenburger kennengelernt. Die Namen der Lokale passten sich dem Zeitgeist an, ob Hoyers Weinhandlung, Palette-Bar, Bacchus-Keller, Töff-Töff, Montparnasse oder Loft. Hier wurde schon immer gegessen, getrunken und getanzt.

Adresse Baumgartenstraße 2, 26122 Oldenburg | **ÖPNV** fast alle Buslinien, Haltestelle Pulverturm | **Öffnungszeiten** Mo–Do 9–1 Uhr, Fr, Sa 9–5 Uhr | **Tipp** Das »Innenleben«, im Haus Nummer 4, ist eine wunderbare Möglichkeit, Wohnaccessoires, Schmuck und Mode zu bewundern und nebenbei auch einen Kaffee oder ein Glas Wein zu genießen.

26 Die erlesene Remise

Ein Pionier der ökologischen Küche

Oldenburg ist kein gutes Pflaster für Sterneköche. Gehobene Gastronomie gibt es kaum, »angehobene« durchaus, aber richtig exklusives Gourmetpflaster zu abgehobenen Preisen findet in Oldenburg keinen wahren Anklang. Die Gründe sind bestimmt wie immer vielschichtig, der Hauptgrund ist und bleibt sicherlich die Tatsache, dass die Deutschen traditionell konkurrenzlos wenig Geld fürs Essen und Essengehen ausgeben, die Norddeutschen bilden dabei keine Ausnahme.

Da ist es schwer für Gastronomen, in den obersten Ligen mitzuspielen. Umso mehr kann man solche Orte wie das »Tafelfreuden« und seine Betreiber für die lang anhaltende gute und bewusste Küche würdigen. Seit 1990 wird das Restaurant mit seiner Remise und einem Hotel betrieben. Schon frühzeitig, noch bevor Öko salonfähig wurde, verschrieb sich die Mannschaft der Idee, ausschließlich frische, möglichst regionale und überwiegend biologisch angebaute Zutaten zu verwenden. So wurde das »Tafelfreuden« schon 2005 zum ersten bio-zertifizierten Restaurant in Oldenburg. Bis heute ist man dieser Idee hier treu geblieben. Die Qualität stimmt, der Geschmack verführt, der Preis ist berechtigt. So lässt sich Beständigkeit üben. Die Speisekarte folgt dem Geist einer Esskultur im Sinne des Regionalen mit mediterranen und internationalen Einflüssen. Die Räume laden ein zu einem gemütlichen gemeinsamen Abend bei wohliger Kost mit dem Versprechen nicht nur der Tafel-, sondern auch der Gaumenfreude. Die offene Küche gewährt dem Gast stets den Blick auf die Tätigkeit des Kochteams, die Zubereitung und das Anrichten der kulinarischen Kunstwerke bleibt so offenbar und unverblümt.

Eine Besonderheit ist der wunderbare Innenhof mit einer schönen und ruhigen Atmosphäre zwischen den Mauern der umliegenden Häuser. So kann man sich an dieser Stelle gerne den lokalen oder überregionalen Fisch direkt auf dem Teller vom Chef persönlich zu Filets filieren lassen.

Adresse Alexanderstraße 23, 26121 Oldenburg | ÖPNV Bus 302, 313, 329, Haltestelle Humboldtstraße | Öffnungszeiten Di–Sa ab 18 Uhr und bei Veranstaltungen | Tipp Wenn Ihnen eine Mutter fehlt oder bei Ihnen womöglich sogar eine Schraube locker ist, dann finden Sie Abhilfe bei Willers in der Nadorster Straße 6, einem Qualitätshaus rund um die Welt des Werkzeugs und des Handwerks.

27 Die Exerzierhalle

Die Kunst des Schreitens

Was ist eigentlich eine Exerzierhalle? Und was ist überhaupt Exerzieren? Steht »Ex-« für Vergangenheit, und hat »-erzieren« etwas mit Erziehen zu tun? Beides stimmt zumindest teilweise.

Die Exerzierhalle wurde in der Vergangenheit für inzwischen Vergangenes gebaut, und mit Erziehung hat das Wort auch etwas gemeinsam: Es wurde früher für die Ausbildung im Waffengebrauch und für das Einüben von Bewegungen von Bataillons- oder Kompaniekolonnen im Gefechtsverband genutzt.

Die Anforderungen an das Militär haben sich gewandelt, diese Ausbildung wird aber immer noch für unerlässlich gehalten, auch wenn ihre Form sich verändert hat und die Bezeichnungen »Drill« oder »Formaldienst« geläufiger sind. Sichtbar wird das Exerzieren heute beispielsweise, wenn Staatsoberhäupter einander mit militärischen Ehren empfangen. Hier haben also früher Soldaten das Marschieren geübt. Kommando »Steh«, Kommando »Geh« – Gleichschritt war wichtig, für Mensch und Pferd. Schließlich war Oldenburg schon immer eine große und wichtige Garnisonsstadt.

Damals wollte man im Gleichschritt die Freiheit verteidigen. Heute steht die Exerzierhalle ebenfalls für Freiheit – für die Freiheit der Kunst, der Schauspielkunst, des Theaters. Das Staatstheater Oldenburg hat nach 2005 die baufällige Halle übernommen, saniert und der Öffentlichkeit zugänglich gemacht. Aus einem Raum fürs Exerzieren entstand ein Raum fürs Experimentieren in der darstellenden Kunst. Und die Oldenburger danken dafür mit donnerndem Applaus, ob bei der Premiere von »Tschick«, lange bevor der Jugendroman von Wolfgang Herrndorf überhaupt richtig bekannt war, bei neuartigen Formaten wie dem »Science Slam« oder auch bei Tanztheaterfestivals mit der eigenen Ballett- und internationalen »Tanzcompagnien«. Auch wenn aus Kompanien Compagnien geworden sind, Gleichschritt und Choreografie sind in der Exerzierhalle immer noch von Bedeutung.

Adresse Johannisstraße 6, 26121 Oldenburg, Besucherzugang über Pferdemarkt 11, 26121 Oldenburg | ÖPNV Bus 301, 302, 304, Haltestelle Pferdemarkt | Öffnungszeiten je nach Veranstaltung | Tipp Das traditionelle Einrichtungshaus »Rosenbohm« am Pferdemarkt 7 befindet sich seit 111 Jahren in Familienhand und bietet Design zum Wohlfühlen.

28 Die Fähre am Stau

Heini und das andere Ufer

Anna hat an dieser Stelle den Anfang gemacht. 2010 gab es hier nichts Schönes. Ein düsteres Viertel, eine löchrige Straße, eine laute Brücke, einen alten Wasserturm. Das war alles. Dazwischen mischten sich Rotlichtmilieu und Kleinkriminalität. Da war es schon ganz mutig, ausgerechnet an diesem Flecken ein Restaurant zu eröffnen. So nah an der Hunte entstand »Anna Hunte«. Und die Oldenburger nahmen es an, kamen, um zu essen und um zu plaudern. Nebenbei gefiel auch der Blick über die Hunte. Schiffe fuhren vorbei, die Klappbrücke zeigte, was sie vermochte, der Hafenkran löschte die Schiffsladung.

Nur wenige Jahre später hat sich das Bild der Stadt an dieser Stelle gänzlich gewandelt. Eine Hafenpromenade führt nun direkt in die Stadt, edle Wohnungen entstehen, Gastronomie und Kneipenszene ziehen immer mehr Leute hierher. So ist aus »Anna Hunte« nach einigen Jahren »Heini am Stau« geworden. Nun werden hier zum Essen an die 50 verschiedene Biersorten geboten, unter anderem auch ein eigenes Bier – das Heini. Aber wer war Heini wirklich, und was hat Heini mit Anna zu tun?

Heini war der bekannteste Fährmann Oldenburgs. Noch bis 1957 bot er seine Dienste an und fuhr mit seinem Boot die Passagiere von einem Ufer zum anderen. Heute erscheint der Dienst überflüssig, aber damals, als es keine Brücken gab, war der Weg vom gegenüberliegenden Osternburg zum Bahnhof weit. Da sparte eine Überfahrt mit Heinis Boot Zeit. Für zehn Pfennige konnte man mitfahren. Manches Mal nahm Heini das eine oder andere Kind auch ohne Geld mit. Der Dank war ihm sicher, so hat er schon mal ein Stück vom Sonntagskuchen abgestaubt oder Tabak für seine Pfeife bekommen. In jungen Jahren fuhr er zur See und segelte über die Weltmeere, war lange Jahre in Australien, kehrte schließlich in die Heimat zurück. Der Liebe wegen, zu seiner Frau Anna. Heini und Anna sind hier zu Hause.

Adresse Stau 142, 26122 Oldenburg | **ÖPNV** fast alle Buslinien, Haltestelle Hauptbahnhof Süd | **Öffnungszeiten** Mo–Fr 12–24 Uhr, Sa, So 9–1 Uhr | **Tipp** Der Wasserturm am Hafen ist ein architektonisches Zeugnis der alten Hafenstruktur. Mit seinem Wasser wurden früher Dampfloks gespeist, heute beherbergt er stylishe Büros.

29 Der fiktive Cäcilienteich

Idylle am See

Cäcilie ist überall. Kaum einer weiß, wer sie war. Das, was sie jetzt ist, war sie nie, und trotzdem ist sie in Oldenburg allgegenwärtig. Es gibt eine Cäcilienstraße, einen Cäcilienplatz, eine Cäcilienschule und vor allem eine Cäcilienbrücke. Wenn man sich in Oldenburg an der Cäci trifft, dann wartet man an der Cäcilienbrücke oder an der Cäcilienschule. Wenn man es nicht präzisiert, dann wartet man womöglich vergebens. Nur zu dem Platz und zu der Straße kommt keiner.

Es gibt also viele Cäcilien in der Stadt, nur einen Cäcilienteich gibt es nicht. Dabei wäre das ein perfekter Name für den kleinen, beschaulichen Teich. Cäcilie war die Tochter eines schwedischen Königs, der jedoch entthront und des Landes verwiesen wurde. Ihre Eltern ließen sich scheiden, ihre Mutter starb, ihr Vater war auf und davon. Keine schöne Kindheit für eine Prinzessin. Da war es nur ein glücklicher Zufall, dass der Oldenburger Herzog Paul Friedrich August sie ehelichte.

Cäcilie galt als warmherzig, aber zurückgezogen – beides trifft auch auf den kleineren der beiden Teiche an den Dobbenwiesen zu. Es wäre daher ein guter Name für das schöne ruhige Wasser, an dem so idyllisch und zurückgezogen die Häuser am See liegen. An diesem See, besser Teich, noch besser Cäcilienteich, liegt auch eine Schule. Ebenfalls idyllisch und zurückgezogen, befindet sich die Cäcilienschule direkt am Seeufer. Sie war die allererste öffentliche Schule für Mädchen in Oldenburg, und sie blieb auch bis Mitte der 1970er Jahre eine reine Mädchenschule. Sie widmet sich in aller Beschaulichkeit vor allem der musisch-humanistischen Bildung. Hier besuchte 1952 auch Ulrike Meinhof, selbst ein Waisenkind der Nachkriegszeit, das Gymnasium.

Ausgerechnet in dieser Idylle am See begann ihre kritische und später fehlgeleitete Auseinandersetzung mit der Gesellschaft, die in den Terror der RAF mündete.

Adresse Tappenbeckstraße 1, 26122 Oldenburg, von der Brücke über die Teiche lässt sich die Rückseite des Gebäudekomplexes erreichen | ÖPNV Bus 329, Haltestelle Rummelweg | Tipp Am Rummelweg und auch in den umliegenden Straßen finden sich viele Beispiele für wohldurchdachte Wohnarchitektur. Reihenhäuser boten schon vor vielen Jahrzehnten eine geeignete Form des Wohnens und Lebens in der Stadt.

30 Die Filmwerkstatt

Damit Bilder das Laufen nicht vergessen

Mitten im Herzen der Stadt, dort, wo das Tag- genauso wie das Nachtleben zu Hause ist, hat in einem der ältesten Fabrikgebäude der Stadt der Verein Werkstattfilm seinen Platz gefunden. In dem Haupthaus einer früheren Seifensiederei hat nach fast zwei Jahrhunderten Industriekultur die Volkshochschule eine Stätte der Bildungskultur etabliert. Aus der Seifenfabrik wurde eine Bildungsfabrik, aus dem Sodaspeicher ein Kulturspeicher. So ist es nur gut, dass die Räume des Kulturspeichers auch nach dem Auszug der VHS mit Werkstattfilm einen idealen Betreiber finden konnten.

Der Verein hat es sich in die Satzung geschrieben, gesellschaftlich relevante Themen mit visuellen Medien wie Foto und Film zu bearbeiten und so zu einem Diskurs beizutragen. Hohe Ziele und große Aufgaben rund um die Visualität sind es, aber die Ergebnisse können sich im wahrsten Sinne des Wortes sehen lassen. Es werden Dokumentarfilme mit aktuellem und historischem Hintergrund produziert, ein einzigartiges Film-, Foto- und Medienarchiv aufgebaut, Ausstellungen präsentiert und Buchbände oder DVDs publiziert sowie zahlreiche Erlebnis- und Diskussionsforen angeboten. Dabei macht Werkstattfilm auch vor schwierigen Themen nicht halt und nähert sich mutig, offensiv und subtil zugleich dem Diskurs. Beispielhaft wird im Rahmen des Projektes »Lokale Geschichte als Lernort« eine Reihe von Stadtspaziergängen angeboten zu heiklen Themen wie Zwangsarbeit in Oldenburg, bei denen an lokalen historischen Schauplätzen die Geschichte der Zwangsarbeit erzählt wird. Dabei kommen historische Koffer mit dokumentarischem Material zum Einsatz, das Vergangenes sicht-, hör- und erlebbar macht.

Wem solche Themen zu nahe gehen, findet aber in den Räumen des Kulturspeichers auch die Gelegenheit, Bilder und Filme aus den Zeiten des Aufbruchs der Stadt zu sehen. Eine Ausstellungsetage und ein Kinoraum laden dazu ein.

Adresse Wallstraße 24, 26122 Oldenburg | **ÖPNV** fast alle Buslinien, Haltestelle Lappan | **Öffnungszeiten** Mo–Mi nach telefonischer Vereinbarung und bei Veranstaltungen | **Tipp** Eine ganz andere Art der Nostalgie finden Sie direkt nebenan im »New York New York«. In dem stylishen Kellerrestaurant können Sie Ihre Pizza mit allen internationalen Stars der Film- und Bilderwelt teilen.

31 Der Fleiwa-Turm

Forschung braucht Anwendung

Fleiwa ist in Oldenburg zwar ein bekanntes Wort, aber ein weniger bekannter Ort. Manche wissen noch, worauf der Name zurückzuführen ist, manche wollen es aber lieber nicht so genau wissen, denn der Name hinterlässt nicht unbedingt einen guten Geschmack und lässt manch einen Superfood-Esser zusammenzucken – »Fleiwa« steht für eine ehemalige Fleischwarenfabrik. Die Branche stand in dieser Region schon immer hoch im Kurs.

Die 1928 eingeweihte Fleischwarenfabrik war seinerzeit die modernste Anlage dieser Art in Europa. Hier wurde Fleisch aus der Region zerlegt und verarbeitet. Die Infrastruktur stimmte, der Bedarf stieg, die moderneren Transportwege und Kühlmöglichkeiten erlaubten es, die Fracht über längere Strecken und Zeiträume zu befördern. Die Anlage bot viele Arbeitsplätze und war einer der Gründe für den Aufwind in der Stadtentwicklung. Zahlreiche Hallen dienten der Produktion, eine eigene Wasserversorgung erlaubte zeitgemäße Hygienestandards. Aber nichts ist für ewig. Nach 60 Jahren kam das Aus für den Standort, der anschließend zu einer neuzeitlichen Industriebrache wurde. Das Areal und der Name Fleiwa gerieten in Vergessenheit.

In den letzten Jahren entwickelt sich die Fleiwa erneut, diesmal zum hochkarätigen Verwaltungs-, Veranstaltungs- und Forschungsstandort. Ein ehemaliger Wasserturm stellt das optische Zentrum des Geländes dar. Im Refugium in 38 Metern Höhe findet man Überblick und Ruhe, um sich auf konzentrierte Meetings zu fokussieren. Im Forum entstand ein Veranstaltungsraum für 200 Gäste, in dem alte Maschinen und Bodenfliesen Tradition und Innovation verbinden. Die ehemalige Kohleförderschnecke zeigt jetzt dem Besucher im Treppenhaus den Weg.

Die Kantine »à la carte« bietet einen gehobenen Mittagstisch in Industrieatmosphäre und einen Platz nicht nur für den Chef, sondern auch für den Besucher.

Adresse Alte Fleiwa 1, 26121 Oldenburg | ÖPNV Bus 308, Haltestelle Industriestraße | Öffnungszeiten Mo–Fr 9–15 Uhr, von außen immer zu besichtigen | Tipp Das EWE-Forum bietet regelmäßig Veranstaltungen rund um Energie, Umwelt, Effizienz und mehr. Ein Besuch lohnt sich nicht nur wegen der aktuellen Themen, sondern auch mit Blick auf die Architektur.

32 Die Friedhofslinde

Eine ruhige Stätte an einem turbulenten Ort

Zwischen den innerstädtischen Verkehrsadern der Alexanderstraße und der Nadorster Straße, in unmittelbarer Nähe des Pferdemarktes, liegt ein alter Kirchhof. Er datiert auf mittelalterliche Zeiten, als Oldenburg noch von Befestigungsanlagen umsäumt war. Mauern schützten die Stadt, fünf Stadttore regelten den Zugang zu ihr. Das nördlichste davon, das Heiligengeisttor, führte hierher.

In einem ausreichenden Sicherheitsabstand soll man vor der Stadt schon um 1250 mit dem Bau eines Bethauses für das Siechenhaus angefangen haben. Das Bethaus wurde später zu einer Kapelle erweitert, die seit ihrem Umbau um 1428 dem heutigen Zustand der Gertrudenkapelle entspricht. Sie ist damit das älteste und einzige erhaltene mittelalterliche sakrale Bauwerk der Stadt.

Seit 1791 gilt der Kirchhof als zentrale Begräbnisstätte auch für die Hochwohlgeborenen. Hier findet man daher die größte Sammlung historischer Kunstdenkmäler und Skulpturen der Region. Die wichtigsten Namen Oldenburgs sind auf den Grabsteinen des Friedhofs zu lesen, und im herzoglichen Mausoleum ruhen die ehemaligen Regenten. Kunst- und Medizinpilger finden hier ein Ziel an den Grabstätten von Grafiker Horst Janssen oder Wilhelm Schüßler, der mit den gleichnamigen Salzen die biochemische Heilweise begründete.

Neben der Kapelle steht die sagenumwobene Gertrudenlinde. Ein Mädchen diente bei einer reichen Herrschaft und sei dem Sohn nicht »zu Willen gewesen«. Dieser habe daraufhin silberne Löffel in dem Koffer des Mädchens versteckt. Nach dem Fund wurde es des Diebstahls für schuldig befunden und zum Tode verurteilt. Am Hinrichtungsort ergriff das Mädchen einen Zweig, den es in den Boden steckte mit den Worten: »So wahr dieser Zweig ausschlagen und zu einem mächtigen Baume erwachsen wird, so wahr bin ich unschuldig!«

Ein Ableger der alten Linde schmückt noch heute den Gertrudenkirchhof.

Adresse Alexanderstraße 5, 26121 Oldenburg | **ÖPNV** Bus 301, 304, 340, Haltestelle Pferdemarkt | **Öffnungszeiten** tagsüber zu besichtigen | **Tipp** Die Ehnernstraße ist eine typische Wohnstraße der Stadt, alte Wohnhäuser, sehenswerte Kleingartenanlagen und Lokale wie das »Phönix« wechseln sich ab. Letzteres hat einen Wandel von der Eckkneipe zur gehobenen Gastronomie vollzogen.

33 Der Friedrich-August-Platz

Wohnarchitektur mit Charme

Der Namensgeber dieses Platzes war der letzte regierende Großherzog von Oldenburg. Auf seinem Platz spielen jetzt die Kinder seiner Stadt. Von Bäumen umsäumt, von Rasenflächen umgeben findet sich hier eine »empfohlene Spielfläche« für die Kleinen und Mittleren des Wohngebietes.

Die Gebäude, die den Platz umgeben, bilden ein städteplanerisches Ensemble, über das man kurz nachsinnen sollte. Die Straßen sind großzügig angelegt, ihr Verlauf strahlt Funktionalität und Geborgenheit zugleich aus. Die Fassaden sind nicht übertrieben schnörkelig, aber auch keineswegs langweilig. Die geschlossene Gebäudelinie der anliegenden Hausreihen bietet dem Platz auf beiden Seiten die Stirn, umfasst und beschützt ihn, zwängt ihn aber nicht ein. Im Gegenteil, mitten in den Häuserreihen findet sich ein Durchgang unter einem Giebelhaus. Darf man dort hinein? Oder ist der Durchgang versperrt oder privat? Was mag sich nur dahinter verbergen?

Die aufgebrochene Häuserzeile lädt zum Besuch ein, die Neugier treibt den Passanten dorthin. Es öffnet sich eine unerwartet große grüne Gartenfläche, schmale Wege führen zwischen den Hecken, Gartenzäunen und Obstbäumen hindurch. Das umschlossene Areal wirkt friedlich, behütet, wohlig. Eine große halb private Parkanlage bietet den Anwohnern Platz und Möglichkeit zu einem Gespräch, zur Erholung, zum Gärtnern oder Spielen. Und vielleicht kann sich hier der Passant auch mal dazwischenmischen. So entsteht Kommunikation, so entsteht Austausch, so entsteht ein Miteinander in den urbanen Strukturen einer Stadt.

Dem früheren Stadtplaner wurde mit der bogenförmigen Noackstraße, die seinen Namen trägt, ein Erinnerungszeichen gesetzt. Mögen die heutigen Stadtplaner die Zeichen erkennen und die Wohnkulturen nicht durch modernistische Umtriebe stören.

Adresse Friedrich-August-Platz 11, 26121 Oldenburg | ÖPNV Bus 330, Haltestelle Von-Finckh-Straße | Öffnungszeiten von außen immer zu besichtigen | Tipp Im Hauptgebäude der Landwirtschaftskammer an der Mars-la-Tour-Straße 7 ist ein Fensterbild von Graf Anton Günther zu sehen, dem Begründer der Oldenburger Pferdezucht.

34 Die Fürstenhallen

Willkommen im Jugendstil

Einen Bahnhof hat fast jede Stadt, einen Hauptbahnhof jede größere Stadt, was kann also an diesem Bahnhof so besonders sein? Auf den ersten Blick ist er auch nicht besonders, daher muss man schon einen zweiten Blick wagen. Da ist zum Beispiel die Gleishalle, die sich über alle Bahnsteige erstreckt. Das ist gar nicht gewöhnlich. Der Oldenburger Bahnhof ist der einzige und letzte Bahnhof in Niedersachsen, der über eine solche Konstruktion in erhaltener Industriearchitektur verfügt. Diese ist imposant, historisch, aber marode zugleich. Die Bahn fordert ihren Abriss, der Denkmalschutz hält glücklicherweise noch dagegen.

Vor der Gleishalle steht die Bahnhofshalle. 1879 als Centralbahnhof errichtet und 1915 gänzlich umgebaut, steht sie hier unaufdringlich und repräsentativ zugleich und ist das zentrale Eingangstor zur Stadt. Auch wenn die 1960er Jahre nicht spurlos an den Bauschätzen des Heimat- und Jugendstils vorübergegangen sind, so konnten doch viele architektonische Elemente wieder zugänglich gemacht werden.

Allen voran bietet die heutige Schalterhalle einen beeindruckenden Einblick in die früheren Zeiten der Eisenbahnen. Wunderschöne Klinker- und Fliesenarbeiten verbinden sich hier beispielhaft mit erhaltenen Stuckarbeiten und beeindruckenden Pilastermalereien, die eindeutig Jugendstilatmosphäre versprühen. Über der Tür prangt in goldenen Originallettern der Schriftzug »Wartesaal I+II Klasse«. Ein erhaltener Wasserbrunnen hat damals schon für angenehme Wartezeiten gesorgt. Hinter dem Brunnen befand sich der Blaue Salon, der Speisesaal für die bevorzugten Reisenden. Diesen kann man heute in der »Klinkerburg« bei gepflegtem Essen und einem guten Tropfen bewundern und sich dort noch mehr in die früheren Zeiten entführen lassen. Der ihm anliegende prächtige Fürstensaal wird für repräsentative Anlässe genutzt. Heute wie damals, war er doch von Anfang an für die Ankunft der großherzoglichen Familie und ihrer Gäste gedacht.

Adresse Bahnhofsplatz, 26122 Oldenburg | ÖPNV fast alle Buslinien, Haltestelle Hauptbahnhof Süd | Tipp Wer noch nie eine Hochgarage für Fahrräder gesehen hat, sollte einen Blick in eine der beiden Fahrradstationen an der Nord- beziehungsweise Südseite des Bahnhofs werfen. 1.500 Drahtesel warten hier gut behütet auf ihre Besitzer (Mo–Sa 6.30–20 Uhr, Nachteingänge durchgehend geöffnet).

35 Die Fußgängerbrücke

Über den Gleisen

Oldenburg ist eine zweigeteilte Stadt. Natürlich nicht so wie Alt-Berlin, durchtrennt durch eine gewaltige menschenverachtende Mauer. Aber auch Verkehrsadern können menschentrennend sein.

Das Oldenburger Land wurde erst im späten 19. Jahrhundert durch die Eisenbahnen erschlossen, dann ging die Entwicklung aber rasant. Anfang des 20. Jahrhunderts wurde ein neues Rangiergelände gesucht, gefunden und bebaut. Schließlich mussten die Waren und Güter des Aufschwungs befördert werden. Die Glashütte expandierte, die moderne Fleischwarenfabrik nahm den Betrieb auf, der Torfabbau florierte. Arbeitsplätze lagen nun nicht mehr vor der Haustür, der Weg zur Arbeit wurde länger. Eine Anbindung an Verkehrswege wurde sowohl für das Gewerbe als auch für die Bewohner einer Stadt immer wichtiger.

Nördlich dieses Rangiergeländes gab es schon seit 1889 den Bahnhof Osternburg. 1951 war der Bedarf so groß geworden, dass direkt am Rangierbahnhof der Personenbahnhof Krusenbusch eröffnet wurde. Damit der Haltepunkt auch vom westlich gelegenen Bümmerstede erreicht werden konnte, wurde eine über 130 Meter lange, nahezu filigrane Fußgängerbrücke gebaut.

Auch wenn alle Rangiergleise und Bahnhöfe verschwunden sind, behält die Brücke ihren Vereinigungscharakter bei. Täglich wird sie als Überwegung genutzt, Fahrräder und Kinderwagen werden mühsam über die steilen Treppenstufen geschoben. Junge und ältere Menschen brauchen die Brücke für den Weg zur Arbeit, zur Schule, zum Nachbarn.

Obwohl diese Brücke aus alten Zeiten keineswegs barrierefrei ist, so lässt sie doch städtische Hürden überwinden. Und wenn man sich die Zeit nimmt, dann kann man den Blick zu beiden Seiten der Fußgängerbrücke schweifen lassen und die restlichen Spuren der großen Eisenbahnzeiten finden, die heute fast vollständig vom Landschaftsschutzgebiet überlagert werden.

Adresse Am Schmeel 11, 26135 Oldenburg | **ÖPNV** Bus 313, 323, Haltestelle Bahnhof Krusenbusch | **Tipp** Über die Fußgängerbrücke gehend erblickt man das alte Verwaltungsgebäude der Bahn und erreicht auch den Zugang zum Naturschutzgebiet am Bahndammgelände.

36 Die Gedenkstätte Wehnen

Neuer Geist in der »Alten Pathologie«

Fast überall in Deutschland baute man früher »Irrenanstalten« weit draußen vor den Toren der Stadt, damit der Normalbürger nicht gestört würde. So auch hier bei Oldenburg.

Seit über 150 Jahren besteht diese Klinik unter unterschiedlichen Namen und Trägerschaften. Heute trägt sie als Karl-Jaspers-Klinik den Namen eines Oldenburger Psychiaters, gibt sich weltoffen und lädt mit ihrem großen Park zum Verweilen ein. Verweilen und Innehalten – besonders in Anbetracht der Geschichte, die in dem Gebäude der »Alten Pathologie« unvergesslich erhalten bleibt. Denn dieser Ort ist kein unbeschriebenes Blatt. Über viele Jahre der Nachkriegszeit wollte man hier eine weiße Weste wahren. Heute ist dieser Flecken in allen Karten der Holocaust-Stätten verzeichnet. Auf dem Gelände fand »Euthanasie« statt. Ohne Gaskammern, ohne Krematorien, eher still und heimlich: In Wehnen wurden Menschen durch Aushungern getötet.

Schon 1936 begannen die gezielten Maßnahmen zum Mord an ausgewählten Personenkreisen, bereits drei Jahre bevor Hitler den Befehl zur Aktion T4 gab. Oldenburg war damals eifrig mit dabei und der Zeit auf grausame Art voraus. Die Sterblichkeitsrate in der Anstalt stieg in kurzer Zeit auf das Sechsfache des Durchschnitts. In den 1960er Jahren verschwieg man noch alles. Angehörigen von Verstorbenen verweigerte man Informationen. Das Landeskrankenhaus Wehnen versagte später auch Historikern die Einsicht in Akten, ein Ministerialerlass musste deren Freigabe erst erzwingen. Viele Akten konnten überhaupt nur gerettet werden, weil sie bei einer Aufräumaktion von Kellerräumen zufällig entdeckt wurden. Mehr als 1.500 Opfer konnte man dank aktueller Forschungsprojekte nachweisen.

Die Alte Pathologie ist ein Erinnerungsort. Hier lagen die meisten der Ermordeten in der Leichenhalle, wenn auch nur für kurze Zeit. Ein denkwürdiger Ort, ein Ort des Gedenkens, ein Ort des Denkens und Nachdenkens für lange Zeit.

Adresse Hermann-Ehlers-Straße 7, 26160 Oldenburg-Wehnen | **ÖPNV** Bus 310, 350, 373, Haltestelle Wehnen Karl-Jaspers-Klinik | **Öffnungszeiten** Mi, Do, Sa 12–16 Uhr | **Tipp** Das weitläufige Klinikgelände mit großen Grünanlagen lädt zum Nachdenken und das Café am Wasserturm zum Gespräch ein (Mo–So 8–18 Uhr).

37 Die Getreidesilos

Atmosphäre am Hafen

Dort, wo Oldenburg vermutlich endet, stehen die großen weißen Getreidesilos. Es scheint, als wären sie die letzten Zeichen eines florierenden Hafenstandortes. Während sich früher der Hafenbetrieb bis an das Stautorcafé inmitten der Stadt ausdehnte, muss man heute nach Spuren des Hafens fast suchen. Dennoch gehört der Oldenburger Hafen mit 1,2 Millionen Tonnen Umschlag zu den wichtigsten Binnenhäfen Niedersachsens. Fast die Hälfte davon sind landwirtschaftliche Güter wie Futter- oder Düngemittel und Getreide. Diese werden hier vor Ort in den Silos gelagert und verladen.

Auf der anderen Flussseite befinden sich Flusskaje und Überbleibsel der Brand Werft, in der auch große Frachtschiffe gebaut wurden. Zum Verhängnis wurde ihr 1988 der Bau des Tankers »Teviot«, der auf See einen Propeller verlor. Die Werft musste Schadenersatz leisten und in der Folge trotz guter Auftragslage Insolvenz anmelden. Damit schien der Schiffsbau dem Ende geweiht, der Hafenstandort gefährdet.

Bis vor Kurzem wurde noch das Schüttgut auf dem Areal zwischen der Eisenbahnbrücke und der Amalienbrücke verladen. Bei den Silos allerdings scheint die Hafenwelt zu Ende, nur die Hunte fließt weiter in Richtung Weser und Meer. Wer sich traut, der geht den Weg aber weiter, immer weiter am Deich und den Vogelschutzwiesen entlang bis zur unübersehbaren Autobahnbrücke, der höchsten Brücke der Region. Ob zu Fuß, mit dem Rad oder auf Inlinern, der Weg lohnt sich, der sich anschließende Anblick ebenfalls. Den Blick auf die Silo-Kolosse verpasst man aber fast, wenn man direkt unter ihnen steht. Am besten sehen sie während der blauen Stunde aus, am frühen Morgen oder späteren Abend, wenn die Sonne aufgeht oder sich neigt. Dann lohnt sich der Blick auch von der anderen Seite der Hunte, von den vergessenen Arealen der stillgelegten Gewerbegebiete, oder einfacher und majestätischer von der Eisenbahn-Klappbrücke aus.

Adresse Stau 195, 26122 Oldenburg | ÖPNV fast alle Buslinien, Haltestelle Hauptbahnhof Süd | Tipp Folgt man dem Rad- und Fußweg am Deich der Hunte, kann man an den Bornhorster Huntewiesen ein Naturschutzgebiet erblicken, in dem regelmäßig Tausende von Zugvögeln eine Rast einlegen.

38 Die Gina-Solera-Szene

Mit der Dragqueen durch den Kiez

Eine Dragqueen in Oldenburg – wenn man sie zufällig irgendwo in der Stadt gesichtet hat, dann ist man sich nicht richtig sicher, ob man sich selbst in der Stadt geirrt oder ob die Queen sich gerade verlaufen hat, ob man die letzte Nacht vielleicht zu viel oder zu wenig getrunken hat, ob die Erscheinung echt oder doch nur eine Vision ist. Aber Gina Solera gibt es wirklich, und sie ist echt, und sie ist präsent.

Dragqueens gibt es üblicherweise nur in Großstädten, in Metropolen, an Szeneorten. In Oldenburg muss Gina sich selbst in Szene setzen und ihre eigenen Szenen erschaffen.

Die Stadt bietet allerdings nur wenige Nischen für derlei Geschäft. Rotlichtviertel sind gentrifiziert, Hinterhöfe wurden saniert, das Hafenviertel wird zum Edelviertel. Da ist es schwierig für eine Dragqueen. Gina Solera schafft es aber seit Jahren in steter Regelmäßigkeit, Oldenburg und Oldenburger aufzurütteln.

Am bekanntesten sind sicherlich Ginas Stadtführungen. Da kann jeder eintauchen in die bunte Welt des Anderslebens. Mit High Heels, Minirock und scharfen Strümpfen bestückt, mit Glitzer in Haar, Gesicht und Dekolleté sowie Glamour in ihrem Blick, in ihrer Stimme und ihrer Bewegung weiht sie jeden in die Geheimnisse ihrer Stadt ein.

Meist startet die Tour im Bahnhofsviertel, führt durch die Kaiserstraße an den Hafen. Schon auf dieser Strecke ist Zeit und Platz für einen betreuten Besuch in einem Erotikshop, für einen Plausch mit Straßenmädchen, für einen Blick auf den »Goldenen Anker«, den zentralsten Puff der Stadt. Danach stehen noch einige andere Top-Points der Sightseeing-Liste auf dem Plan, bevor man schließlich gastronomisch auf den besten Geschmack kommt.

Gina Solera kennt sich aus mit den Bedürfnissen ihrer Gäste, für das geistige und leibliche Wohl ist dabei bestens gesorgt. Gina Solera ist eben Programm, und ihr Programm ist fast immer ausgebucht.

Adresse Kaiserstraße 2, 26122 Oldenburg, www.ginasolera.de | ÖPNV fast alle Buslinien, Haltestelle Hauptbahnhof Süd | Tipp Die Kaiserstraße ist in vollem Wandel, Erotiklädchen werden seltener, hippe Bars und Cafés sind auf dem Siegeszug. Das »Pornöchen« hat hingegen seinen schaurigen Flair behalten.

39 Das Glashaus

Tanz, Theater und Partys

Das Theater ist ein Traditionsgebäude in Oldenburg, und es blickt auf eine wechselvolle Geschichte zurück. Zuerst gab es nur einen Holzbau, genannt »anständige Bretterbude«. 1842 fand es die Anerkennung der Regenten und hieß von da an »Großherzogliches Residenztheater«. 1881 erhielt es einen repräsentativen Neubau, der allerdings schon zehn Jahre später dem Feuer zum Opfer fiel, sodass 1893 der heutige Baukörper entstand. 1919 musste der Herzog abdanken, das Theater wurde nun von dem aufkommenden Land Oldenburg getragen und hieß zunächst auch Landestheater. 1938 wurde es vom Freistaat Oldenburg übernommen und daher in Staatstheater umbenannt.

Wechselvoll ist also nicht nur die Geschichte des Theaters, sondern auch die seiner Träger. Die Regierungsformen wechselten weiter, der repräsentative Name des Theaters aber blieb. Stattdessen änderte sich sein Äußeres.

Dort, wo früher der Haupteingang mit großzügiger Treppenanlage den Zuschauer einlud, musste in der Neuzeit ein Betonglasbau her. So klebt eine modernistische Glasfassade wie ein unharmonisches Anhängsel am neoklassizistischen Baukörper des altehrwürdigen Staatstheaters. Mehr Platz, mehr Funktionalität und mehr Spielräume waren die Forderungen der Moderne.

Über viele Jahre vegetierte der Eingang vor sich hin, war für die Zuschauer eher abschreckend als einladend. Aber dann fasste ein Intendant neuen Mut. Der Anbau wurde in Glashaus umbenannt, die Theaterkasse zu dessen Mittelpunkt. Ein Café lädt mit Zeitungen zu einer Gesprächsrunde oder Lesestunde ein.

Den Höhepunkt aber erleben das Haus und sein Glashaus bei den regelmäßig stattfindenden Glashauspartys, bei denen sich Jung und Alt zu den Sounds stadtbekannter DJs treffen. Der Eintritt ist frei, aber begrenzt. So kann man ein altes Theater einem jungen Publikum präsentieren.

Adresse Theaterwall 28, 26122 Oldenburg | ÖPNV fast alle Buslinien, Haltestelle Pulverturm | Öffnungszeiten Di–Fr 10–18 Uhr, Sa 10–14 Uhr und zu Veranstaltungen | Tipp Im »Burgcafé« in der Burgstraße 8 können Sie gut frühstücken oder auch wunderbare Kuchen und Torten abseits des städtischen Trubels genießen.

40 Das Graffito

Mit Konzepten zur Brückenkunst

Wandbilder gibt es in jeder Stadt. In Alpenländern schmücken sie sogar nahezu jedes Haus. In Italien werden sie »Murales« genannt und vermitteln meist eine deutliche gesellschaftskritische oder gar revolutionäre Botschaft. Die Murales in dem Dorf Orgosolo auf Sardinien wurden weltberühmt und prägten die politische Entwicklung eines ganzen Landes.

Graffiti haben vielleicht nicht unbedingt diesen ultimativen Anspruch, stehen aber mit ihrer Erschaffungsart, ihrer Öffentlichkeitswirkung und ihrer Präsenz ebenfalls zwischen Kunst und Rebellion. Dabei kann das Konzept »Brückenkunst« eine Brücke bauen zwischen den gegenseitigen Polen des Genres.

Dieses Konzept ist ein Projekt des PRO, des Präventionsrates Oldenburg, eines Zusammenschlusses unterschiedlicher Behörden, Verbände und Unternehmen, mit dem Ziel, Prävention als gesamtgesellschaftliche Aufgabe zu fördern. Ein Ergebnis der Arbeit von Künstlern und auch des PRO ist an dieser Stelle überdeutlich sichtbar: Der Bund stellte die Brückenwand, die Werbegemeinschaft Wechloy die finanziellen Mittel, die Stadt die pädagogische Projektleitung zur Verfügung. So entstand ein Graffito, das die Stadt über ihre Grenzen bekannt macht. In dem metergroßen Schriftzug sind Symbolfiguren der Stadt künstlerisch verarbeitet. Themen, die die Stadt 2012 bewegten, wie Stadt der Wissenschaft, Pferdestadt Oldenburg oder EWE Baskets, finden ebenso Erwähnung wie Oldenburgs Persönlichkeiten, allen voran Carl von Ossietzky, Horst Janssen, Julius Mosen und Johann Bünting.

Zugegeben, mit Protest und Revolte hat dieses Wandbild wenig zu tun. Legale Graffiti sind für Insider ein Widerspruch in sich. Aber Energien lassen sich so bündeln, in kreativen Foren zünden und zu beeindruckenden Ergebnissen entfesseln. Dafür ist dieses Wandbild ein bleibendes Zeichen. Und Kunst ist es auf jeden Fall auch, in diesem Fall eben Auftragskunst.

Adresse Ammerländer Heerstraße 282, 26129 Oldenburg | ÖPNV Bus 310, 350, Haltestelle Pophankenweg | Tipp Weitere Graffiti findet man an den Kreiseln am Pophankenweg 36. Hier sind die wichtigsten Sehenswürdigkeiten der Stadt an einem Ort zu sehen.

41 Der graue Turm

Ein Bankgebäude für die Region

Wer geht schon richtig freiwillig in eine Bank? Kein Wunder, wo die Gebäude doch fast immer pompös, gewaltig, unerreichbar anmuten. Auch hier ist es nicht anders, zumindest nicht auf den ersten Blick. Vor wenigen Jahren neu errichtet, ragt das Sparkassenhaus mit zehn Stockwerken hoch in den Himmel. Die schwarze Fassade schreckt ab, wirkt kühl und dominant. Die zwanghaft regelmäßig angeordneten Fenster lassen den Passanten einen kurzen Blick auf dahinter stehende Schreibtische erhaschen, fast der einzige Hinweis darauf, dass sich hinter dieser Fassade auch Menschen befinden. Man muss schon etwas Mut aufbringen und einen zweiten Blick wagen oder wenigstens einen Gang um das Gebäude machen, damit sich der Eindruck etwas verändert.

Relativ unscheinbar ist der Haupteingang zu dem imperialen Architekturkubus gelegen. Traut man sich hinein, so öffnet sich aber eine helle, luftige und dennoch majestätische Empfangshalle. Edle Sitzgruppen laden zum Verweilen ein, Literatur informiert über die architektonischen Details, hohe gläserne Fronten lassen einen Einblick in die tieferen Ebenen zu, lassen Licht ins Dunkel der Branche. Man könnte fast meinen, hier sei Transparenz zu Hause.

Es lohnt aber auch noch ein dritter Blick. Die Bank ist im Besitz einer stattlichen Sammlung moderner Kunst mit Werken renommierter regionaler Künstler. Diese Kunst befindet sich nicht hinter Schloss und Riegel, sondern schmückt die Flure und Arbeitsräume im ganzen Gebäude. Sie soll auch für den Besucher erlebbar sein.

Nach Anmeldung ist in regelmäßigen Abständen eine Führung durch die Sammlung und durch die Räume möglich. Und wenn Sie dabei etwas Glück haben, dann dürfen Sie ganz hoch hinaus, bis in das oberste Stockwerk. Dort wird man allerdings wieder von der Kunst abgelenkt. Ein gigantischer Blick über die weite Stadt öffnet sich dem Betrachter, und ganz Oldenburg liegt ihm zu Füßen.

Adresse Berliner Platz 1, 26123 Oldenburg, www.lzo-im-norden.de, Tel. 0441/2300 | ÖPNV fast alle Buslinien, Haltestelle ZOB | Öffnungszeiten Zugang zum Foyer zu den üblichen Bürozeiten möglich, von außen immer zu besichtigen | Tipp Am Europaplatz ist das alte Portal der Weser-Ems-Halle zu bewundern, das mit seinen geschwungenen Linien ein Erkennungszeichen von Oldenburg ist.

42 Die Grüne Schule

Pädagogik im Botanischen Garten

Was macht eigentlich die Oldenburgia in Oldenburg? Ist sie ein ewiggestriges Relikt alter Zeiten oder ein vorüberziehendes Hochdruckgebiet? Solche und andere Fragen können Sie an diesem Ort klären.

Inmitten des Haareneschviertels, das vor allem von seiner historischen Bebauung geprägt ist, erstreckt sich der heutige Botanische Garten. Er wurde 1882 als Lehrgarten des Obst- und Gemüseanbaus des damaligen Lehrerseminars gegründet, aus dem später die Pädagogische Hochschule hervorging. Seit 1976 befindet er sich in der Trägerschaft der Universität.

Neben seinem Erholungscharakter für die Oldenburger bietet das Areal viel Platz für große Skulpturen und lockt so auch Freunde des Modernen. Unübersehbar sind neben der Kunst aber auch Forschungsaktivitäten und die pädagogischen Konzepte der Universität. So ist beispielsweise die Grüne Schule ein ausgezeichnetes Projekt für das Lernen und Forschen im frühen und späten Schulalter, sie entführt Kinder und Jugendliche auf eine Lern- und Forschungsreise rund um die Themen der Botanik. Interessantes über Küchenkräuter und Spezialwissen zu Ökosystemen von extremen Lebensräumen können die Basis für das Wissen schaffen, das späteren Wissenschaftlern hier früh in die Wiege gelegt wird.

Die Grüne Schule wurde von der UNESCO als offizielles Dekadeprojekt »Bildung zur nachhaltigen Entwicklung« ausgezeichnet. Manches in diesem Garten ist einmalig auf der Welt. Dieser Botanische Garten ist der einzige weltweit außerhalb Südafrikas, der die Pflanze Oldenburgia grandis mit viel Mühe erhält. Die Oldenburgia ist mit den Disteln verwandt, wächst in Südafrika und hat immergrüne, dicht behaarte Blätter. Ihr Name hat übrigens nichts mit der Stadt selbst zu tun und ist kein Zeichen alter Kolonialzeit. Sie wurde 1830 beschrieben und zu Ehren von Franz Pehr Oldenburg, einem schwedischen Pflanzensammler um 1770, nach ihm benannt.

Adresse Philosophenweg 41, 26121 Oldenburg | **ÖPNV** Bus 379, Haltestelle Paulusschule | **Öffnungszeiten** Mo–So 9–16 Uhr | **Tipp** Am Philosophenweg 17 befindet sich das Altenheim Friedas-Frieden-Stift. Das Gebäude wurde 1901 als Frauenklinik errichtet, seitdem steht es im Dienste der medizinischen Fürsorge.

43 Die Gullydeckel-Route

Deutschlands älteste Fußgängerzone

Sie haben sich in den Straßen und Gassen der Oldenburger Innenstadt verlaufen? Sie sind zweimal abgebogen und haben die Orientierung verloren? Kein Problem, suchen Sie doch einfach den nächsten Gullydeckel. Dort ist ein Stadtplan eingraviert, ein roter Punkt markiert Ihren aktuellen Standort. So wird sofort klar, ob man nach links oder rechts abbiegen muss, um sich mit den gerade verlorenen Freunden am Lappan, am Schloss oder am Lefferseck zu treffen.

Kanaldeckel sind oft sehenswert und zeigen Symbole einer Stadt, aber dieser Gullydeckel-Stadtplan ist einmalig. Zwischen der Achternstraße und der Langen Straße, zwischen dem Schloss und dem Lappan erstreckt sich die Oldenburger Fußgängerzone. Es ist nicht nur irgendeine Fußgängerzone, sondern die älteste Fußgängerzone Deutschlands. Als Oldenburg sich 1967 entschloss, nahezu den gesamten innerstädtischen Bereich vom Autoverkehr zu befreien, waren solche Projekte gar nicht in Mode. Die meisten Städte bauten zu der Zeit mehrspurige Straßenzüge, die die Innenstädte zerteilten. Nicht so hier. Die Beweggründe mögen aber vielleicht die gleichen gewesen sein, auch in Oldenburg erstickte die Innenstadt im aufkommenden Autoverkehr. Die Straßen und Gassen in der Oldenburger Innenstadt sind eng und verwinkelt.

Gerade an der Kreuzung Gaststraße / Schüttingstraße, wo immer noch Traditionsgeschäfte wie Nölker und Bruns zu finden sind, wurde Autoverkehr unmöglich. Das brachte die Stadtplaner zur Verzweiflung und gab ihnen gleichzeitig den Mut, eigenwillige Entscheidungen zu treffen. Die Innenstadt wurde autofrei, es entstand die größte zusammenhängende innerstädtische autofreie Fläche Deutschlands. Der Flair der Innenstadt gewann sofort und spürbar. Kaufleute und Kauflustige stellten sich schnell auf die neuen Gegebenheiten ein und um.

Noch heute zählt Oldenburgs Innenstadt zu den schönsten im ganzen Land.

Adresse Lange Straße 62, 26122 Oldenburg | ÖPNV fast alle Buslinien, Haltestelle Lappan | Tipp Mit dem Papiergeschäft Onken und dem Teehandel Nölker sind gleich zwei Urgesteine des Einzelhandels vor Ort. In beiden Geschäften findet man all das, was woanders vergessen ist, bei Onken zum Beispiel eine Sammlung alter Schreibmaschinen.

44 Die Gummibahn

Eine Spurensuche auf alten Pfaden

Was mag sich nur hinter diesem Namen verbergen? Es ist ein spannender Name, der für Vergangenes steht – Oldenburg war mal ein Eisenbahnverkehrsknoten. Eine der Strecken verlief zwischen Oldenburg und Brake. Diese ist heute fast vergessen, war aber früher von hoher Wichtigkeit. Sie durchzog die Moore nordöstlich von Oldenburg.

Schon der Streckenbau vor der Inbetriebnahme 1896 war schwierig. Der Gleiskörper sackte während der Bauarbeiten und auch im späteren Betrieb immer wieder im Moor ein und musste regelmäßig mit Sand aufgefüllt werden. Die Fahrt war abenteuerlich, und das Fahrgefühl blieb federnd, die Fahrgäste waren besser schwindelfrei. Die Oldenburger nannten diese Strecke deshalb einfach Gummibahn.

Der Personenbetrieb war nicht besonders stark frequentiert, aber der Güterverkehr war beachtlich. 1961 wurde der Personenverkehr eingestellt, nachdem die Züge teilweise nur mittwochs und am Wochenende verkehrt hatten. Der Güterverkehr hielt sich zwar länger, aber 1976 wurde schließlich das erste Stück der Strecke zwischen Etzhorn und Ipwege abgebaut. Der letztverbliebene Abschnitt von Oldenburg bis Ohmstede wurde 1998 zurückgebaut, nur noch in Brake selbst gibt es etwa einen Kilometer Gleise ohne weiteren Anschluss.

Teile der Strecke können aber nach wie vor bewundert werden, zum Beispiel entlang der Straßenzüge »An der Braker Bahn« und am »Bohlendamm«, wo inzwischen Birken zwischen den alten Bohlen stehen, oder an der »August-Hanken-Straße«, wo noch Reste einer Schrankenanlage zu sehen sind. Während am Ende der »Kornstraße« ein kreisrunder Vorplatz des früheren Bahnhofs Eversten von alten Zeiten zeugt, ist bei der Brennerei Hilbers noch eine Gleiswaage erhalten, mit der die Alkoholladung der Tankwaggons gewogen wurde.

Aber am schönsten erlebbar ist die Gummibahn hier auf der alten Brücke am »Dillweg«, wo sie auf einem längeren Abschnitt noch begehbar ist.

Adresse Dillweg 70, 26125 Oldenburg | ÖPNV Bus 323, Haltestelle Dillweg | Tipp Die Seen und der Windpark Bornhorster Seen sind über den Ellerholtweg erreichbar. Die Rotorriesen sorgen für eine Dauerkontroverse über Natur und Struktur der Stadt.

45 Die Hallen von Waldemar

Die Symbolfigur der Stadt und der Markthallen

Wenn man nach großen Oldenburger Persönlichkeiten fragt, dann werden viele Namen erwähnt. Wenn man aber nach einer Person fragt, die der Oldenburger mit seiner Stadt verbindet, wird fast immer Waldemar genannt. Waldemar gehört zu Oldenburg wie der Lappan und das Schloss. Auf die Facebook-Frage »Du kennst Oldenburg schon lange, wenn …« antworteten viele mit: »… du in der Innenstadt den Gesängen von Waldemar gelauscht hast.«

Waldemar ist ein Wahrzeichen, eine Ikone und eine Persönlichkeit, die einen Wikipedia-Eintrag verdient. Mit seinen 77 Lebensjahren spielt er immer noch und hoffentlich noch lange in den Straßen der Stadt, und das schon seit über 60 Künstlerjahren. Früher versuchte er sich in der Popmusik und auch als Elvis, aber zu seinem Ruhm kam er durch die Schlager-Straßenmusik. Im Nadelstreifenanzug und mit bunter Cappy als Markenzeichen, einer Gitarre in der Hand und einer Harmonika am Mund ist er einmalig und unverwechselbar.

2005 wurde Waldemar zum »Oldenburger des Jahres« gewählt, und 2011 durfte er als Überraschungsgast bei »Classic meets Pop« die Bühnenluft der EWE-Arena schnuppern. Wenn Sie ihn also im Vorübergehen in der Langen Straße hören und sehen, dann erweisen Sie ihm die gebührende Ehre und legen mit Bedacht eine Münze in seine Dose. Es ist Ihr Kulturbeitrag für die freie Kunst Oldenburgs. Und wenn Sie Waldemar vermissen, dann schauen Sie in das Café im Lambertihof hinein. Mit etwas Glück können Sie den Barden dort in ein Gespräch verwickeln – oder er Sie.

»Lambertihof« ist ein neuer Name für eine alte Einkaufswelt. Die Markthallen aus dem Jahr 1884 währten fast 100 Jahre, der Neubau öffnete 1990. Von der alten Markthalle selbst sieht man außer dem lichten Innenhof kaum noch etwas. Aber das prachtvolle alte Eingangsportal an dem Café, in dem Waldemar gerne seinen Kaffee trinkt, zeugt von alten Zeiten und versprüht wie Waldemar seinen Charme.

Adresse Kleine Kirchenstraße 10, 26122 Oldenburg | **ÖPNV** fast alle Buslinien, Haltestelle Pulverturm | **Öffnungszeiten** Café: Mo–Sa 9–18 Uhr, So 9–17 Uhr | **Tipp** »La Casa Vecchia« und ihr Garten sind eine Oase in der Stadt. Das »Alte Haus« hat sich einen fast verwunschenen Garten mitten in der City erhalten. Nicht nur an sommerlichen Tagen oder lauen Abenden wird ein Festmahl unter den Zweigen der Magnolie zu einer Entführung in die Welten und Weiten des Südens.

46 Der Heiermann-Imbiss

Kult, kultig, am kultigsten

Die Mottenstraße ist wohl Oldenburgs skurrilste Gastro-Meile. Früher wurde sie von der Fleischerei Monse dominiert, die für »gut und deftig« bekannt war. Jeden Samstag war hier kein Durchkommen, weil sich halb Oldenburg bei Erbsensuppe aus der Gulaschkanone traf, aß und quatschte.

Nun läuft bei Monse seit Jahren nichts mehr. Aber zu essen gibt es in der Mottenstraße immer noch genug. Und zu quatschen anscheinend auch. Die soziale Funktion der Erbsensuppe hat jetzt beste Imbisskost übernommen. Die Jungen der Stadt wussten es schon immer. Bei Heiermann ist es »gut und günstig«. Und vor allem ist auf Heiermann Verlass. Nicht nur tagsüber, auch nachts, wenn die letzten Bars schließen und einen der Hunger plagt. Heiermann lässt einen fast nie im Stich.

Seit über zehn Jahren gibt es den Imbiss, zunächst nur als kleinen Einraumladen mit offenem Durchreichfenster. »Puppenküche« nannten die Oldenburger das. Für die vielen Pommes, die auf ihren Höhepunkt in der Fritteuse warteten, war im Laden kaum Platz, sie mussten in benachbarten Kühlschränken untergebracht werden. Heute gibt es auch ein Drinnen. Dort kann man sogar sitzen. Aber wer will das schon? Eine echte Pommes rot-weiß mit der kultigsten Currywurst der Stadt isst man doch lieber am Fenster der Puppenküche. Dort kommt man ins Quatschen. Zur Mittagspausenzeit ist hier manchmal die Hölle los. Schüler mischen sich mit Geschäftsleuten, Schulranzen steht neben dem Nadelstreifen, Punkerjacke neben dem Boutiquetütchen. Nur wer draußen keinen Platz findet, weicht nach drinnen aus. Dort gibt es die gehobene Imbisskost.

Während draußen in der Stadt ständig neue Burger-Restaurants öffnen und schließen, gibt es hier ganz beständig die perfekten Burger-Klassiker, je nach Wunsch mit Salatblatt oder Spiegelei und gerne auch vegetarisch. Das alles auch noch frisch und per Hand vor den eigenen Augen zurechtgemacht. Wer kann dazu schon Nein sagen?

Adresse Mottenstraße 7, 26122 Oldenburg | **ÖPNV** fast alle Buslinien, Haltestelle Lappan | **Öffnungszeiten** fast zu jeder Zeit … | **Tipp** Die ganze Mottenstraße ist eine Essmeile, probieren Sie sich durch. Stylish im »Woyton«, kultig im »Swutsch«, beim Fußball im »Madison« oder asiatisch im »Salmon Coco«.

47 Das heilende Pius

Ein Puzzleteil des modernen Medizinstandortes

Das Pius-Hospital ist eng mit der neuzeitlichen Entwicklung der Stadt und auch mit der Entwicklung der Universitätsmedizin in der Region verbunden. Seine Gründung geht auf die Zeit um 1870 zurück. Das PFL-Hospital existierte schon, der medizinische Versorgungsbedarf wurde größer, der militaristische Geist war allgegenwärtig. Da sammelten Gläubige des Oldenburger Münsterlandes 3.710 Reichsthaler zur Gründung eines konfessionellen Hospitals. Der Deutsch-Französische Krieg tobte und forderte Opfer. So finanzierte das Militär die Ausstattung mit und nutzte das Krankenhaus vorübergehend als Lazarett. Weitere Spenden ermöglichten über die Jahre immer wieder eine Anpassung an den jeweils aktuellen Standard der Medizin. Bis heute prägt eine ständige Bautätigkeit das Erscheinungsbild des Hauses.

Die Modernisierungs- und Erweiterungsmaßnahmen sind an einem Haus dieser Größe, das mitten im Herzen der Stadt liegt, nicht einfach. Flächen zur Neubebauung existieren nicht, eine Erweiterung in die Höhe wäre mit dem Stadtbild nicht richtig vereinbar. Ein Verkauf der zentral gelegenen Grundstücke und ein Neubau vor den Stadttoren wären wahrscheinlich preiswerter. Dennoch entscheidet sich das Haus immer wieder neu für den innerstädtischen Standort. Das Ergebnis der letzten Umbauten kann sich auch sehen lassen. Das neue Bettenhaus umrahmt mit seiner Silhouette das ganze Ensemble und legt schützend den Arm um einige alte, denkmalgeschützte, für Oldenburg typische »Hundehütten« am Wasserlauf der Haaren. Modern anmutende Veranden direkt am Uferweg laden zum Innehalten ein und bieten mit ihren transparenten Glasbrüstungen Sicht und Sicherheit gleichzeitig. Der Blick bleibt der Stadt zugewandt, der Patient wird in das Stadtleben integriert, und auch der Stadtbesucher findet hier einen Moment der Ruhe. Dieser Platz steht wie auch die Cafeteria im Atrium des Hauses allen Menschen offen.

Adresse Wallgraben 4, 26121 Oldenburg | **ÖPNV** fast alle Buslinien, Haltestelle Lappan | **Öffnungszeiten** Atrium: Mo – Fr 8 – 18.30 Uhr, Sa, So, feiertags 8.30 – 18 Uhr | **Tipp** Die Wallschule an der Georgstraße 1 gehört zu den ältesten Bildungsstätten der Stadt. Das alte Gebäude und die wunderschöne Lage sind einen Blick wert.

48 Das Hilfskrankenhaus

Idylle des Atomzeitalters

Es scheint eine idyllische Gegend zu sein – Grünanlagen, ein Teich, ein Wohngebiet, die Flötenteich-Schule. Die Schule ist allerdings weniger idyllisch. Es ist ein großes Schulzentrum, das allen Ansprüchen der 1970er Jahre entspricht: viel Beton, große gepflasterte Schulhöfe, mehrere Gebäudeflügel. Hier oben findet Bildung statt, werden gesellschaftliche Weichen gestellt, wird unserer Zukunft eine Wiege bereitet. Hier oben. Gibt es denn auch ein Unten?

Wenn man den Blick vom idyllischen Flötenteich ab- und sich den Betonbauten zuwendet, dann fallen unerwartet viele Treppen auf, die in die Tiefe führen, aber meist an einer schweren Tür enden. Eine dieser Kellertreppen ist sogar mit einer Stahlkonstruktion unzugänglich gemacht. Was versteckt sich dahinter, was so gut verborgen werden will?

Nur wenige in Oldenburg wussten und wissen es. Erst 2005, 40 Jahre nach der Fertigstellung, wurde das Geheimnis um die Kellergänge gelüftet. Ein Filmemacher musste her, der mit »Pssst! Keine Gespräche über Verschlusssachen« einen Dokumentarfilm vorstellte, der sich mit dieser Anlage beschäftigt.

Denn unter dem Schulhof befindet sich ein unterirdisches Labyrinth aus über 130 Räumen auf einer Fläche, die größer ist als ein Fußballfeld. Es ist ein Hilfskrankenhaus für Notzeiten des Kalten Krieges. Atombombensicher sollten hier mindestens 100 Menschen medizinisch versorgt werden und über vier Wochen überleben können. Von Stromgeneratoren über ABC-Dekontaminationsschleusen bis zu Operationssälen ist alles vorhanden, was der Mensch in unmenschlichen Zeiten braucht.

Laienbesucher durften nur ein einziges Mal hinein. Aber nur mit einer Eintrittskarte für ein Theaterstück, das sich 2009 kritisch mit Wegen und Abwegen der Wissenschaft beschäftigte. Seitdem verfiel das Krankenhaus wieder in seinen Dornröschenschlaf. Wie idyllisch.

Adresse Flötenstraße 70–76, 26125 Oldenburg | ÖPNV Bus 304, 324, 340, Haltestelle Flötenstraße | Tipp Das Freibad Flötenteich bietet in der Saison gute Erholungsmöglichkeiten, während die Konditorei Klinge am Hochheiderweg 157 ganzjährig Köstlichkeiten anbietet (Mo–Fr 6–18 Uhr, Sa 6–13 Uhr, So 8–11 Uhr).

49 Die Hölle von Donnerschwee

Himmel und Hölle im Norden

Man drehe die Zeit zurück auf den 28. Januar 1968. Mitten in Donnerschwee toben die Massen im alten Stadion des VfB Oldenburg. 17.000 Zuschauer sind Zeugen eines legendären Pokalspiels zwischen dem VfB und Borussia Dortmund. Zur Pause führt der VfB mit 2:0 durch Tore von Erwin Jung, der schon Werder Bremen zum Bundesligameister machte. Ein blau-weißes Fahnenmeer weht für die unvergesslichen 90 Minuten. Fans sitzen auf den Mauern des Stadions, die Vereinshymnen sind überall zu hören. Das Herz der Stadt bebt vor Spannung. Doch das Spiel wendet sich. Nach der Pause kommen die Borussen zum Zug, fünf Minuten vor Schluss steht es unentschieden, kurz vor dem Pfiff fällt das vernichtende Tor gegen den VfB. Der Teufel ist los in der Hölle von Donnerschwee. Die Schiedsrichter leben gefährlich, sie sind auf dem engen Platz nur einen Arm weit von den Zuschauern entfernt, deren Fäuste sich zum Kampf ballen.

Für ihre Stimmung und Spannung war die Hölle des Nordens bundesweit berüchtigt. Viele solche Spiele hat dieses Stadion in seinen 100 Jahren erlebt. In seinen besten Zeiten in der Zweiten Bundesliga gefürchtet, begann in den späten 1980er Jahren die Pechsträhne des Vereins mit Abstiegen bis in die fünfte Liga. Finanzielle Krisen erzwangen den Verkauf des Stadions. Die Hölle des Nordens wurde zur Brache, die Katakomben zur Heimat für Hausbesetzer. Es folgte der Abriss des Stadions und eine ewige Planungsphase für die neue Bebauung, aus der am Ende lediglich einige Supermärkte als Sieger hervorgingen. Ihre Eingänge liegen fast genau dort, wo früher die Elfmeterpunkte waren, die Glastüren könnten die Tore sein. Mit etwas Phantasie hätten sich Architekten hier ein höllisches Denkmal setzen können. Heute ist die Stimmung der Hölle von Donnerschwee auf dem Mauerbild gegenüber dem Parkplatz festgehalten. Sie verbreitet immer noch Gänsehaut.

Adresse Wehdestraße 25, 26123 Oldenburg | ÖPNV Bus 314, Haltestelle Wehdestraße | Öffnungszeiten von außen immer zu besichtigen | Tipp Das Ausstellwerk95 in der Donnerschweer Straße 215a befindet sich in einem liebevoll renovierten Turmhaus, in dem vor 30 Jahren noch in einer Gaststätte das Clubhaus des VfB residierte. Es bietet »Selbstgemachtes, Kaffee und Mehr« und alte Erinnerungen.

50 Der Hörgarten

Lassen Sie sich vom Lauschen berauschen

Hören Sie, wie die kleine Kohlmeise in dem Geäst der Buchenhecke raschelt? Können Sie die Fahrradmarken an ihren Fahrgeräuschen unterscheiden? Gehören Sie zu den wenigen, die über das absolute Gehör verfügen, also zum Beispiel das »Dis« erkennen und benennen können, ohne einen Bezugston zu hören? Oder hören Sie schlechter als Ihre Mitmenschen, geben es aber vor sich selbst nicht zu und geraten schleichend in die soziale Isolation? Wie sieht es mit Ihrem Gehör aus? Brauchen Sie ein Hörgerät so wie andere eine Sehhilfe? Ihr eigenes Hörzentrum würde es Ihnen danken, und die Hörforschungszentren in Oldenburg erarbeiten dafür die Grundlagen. Schließlich steckt in fast jedem Hörgerät der Welt das Wissen aus dieser Stadt.

Die sensorische Forschung ist in Oldenburg stark etabliert und weltweit führend. Hörgeräte und Hörimplantate sind allen bekannt, die Forschung zu Netzhautimplantaten läuft auf vollen Touren. Anfassbar, erlebbar und hörbar wird das Thema im Oldenburger Hörgarten. Dieser ist bewusst am Campus Wechloy angesiedelt, dort, wo die Uni Oldenburg eines der renommiertesten Hörforschungszentren Europas etablieren konnte.

Im Garten stehen zehn große Exponate, die die Funktionsweise des Gehörs veranschaulichen und diese unüberhörbar plastisch demonstrieren. So kann man mittels des Hörspiegels Flüsterstimmen auf über 40 Meter Entfernung verstärkerfrei hören, die Windharfe lässt sich vom Wind in Schwingungen versetzen und macht mystische Obertöne hörbar, der Hörthron ermöglicht die Ortung eines Tons mit ungewohnter Präzision, und die akustische Kanone lässt Geräusche entstehen, wo keine sind. Und wenn Sie Ihrem Gehör nicht mehr richtig trauen, dann können Sie in einer alten, aber mit Hightech ausgestatteten britischen Telefonzelle die Welt der Hörwunder, der Hörtäuschungen und Hörparadoxien erleben und es dabei so richtig krachen lassen. Ein echtes Hörerlebnis.

Adresse Marie-Curie-Straße 2, 26129 Oldenburg | **ÖPNV** Bus 310, 350, Haltestelle Prophankenweg | **Öffnungszeiten** Mo–So 9–18 Uhr | **Tipp** Der Campus Uni Wechloy in der Carl-von-Ossietzky-Straße 9–11 bietet Ruheplätze, studentischen Austausch und eine öffentliche Mensa.

51 Das Horst-Janssen-Museum

Eine museale Hymne an den Künstler der Stadt

»Horst-Janssen-Archipel« war mal ein Ausstellungstitel. Und der Titel umfasst die vielen Facetten, die Horst Janssen in Oldenburg und in der Welt hinterlassen hat. Er ist zwar in Hamburg geboren und verstorben, hat aber seine nicht gerade unbeschwerte Kindheit als unehelicher Sohn in Oldenburg verbracht. Seinen Vater kannte er nicht, sein Großvater nahm ihn an Kindes statt an, verstarb aber wie auch Janssens Mutter früh an Tuberkulose. Die Tante adoptierte ihn, nahm ihn zu sich nach Hamburg und förderte ihn. Heute gilt er als einer der großen Zeichner und Grafiker des 20. Jahrhunderts.

So ist es gut, dass Oldenburg ihn zwar spät, aber immerhin zurückadoptierte, ihm die Ehrenbürgerschaft verlieh und ihm oder vielmehr seiner Kunst eine Heimat gab. Das Museum ist nicht nur architektonisch modern, es bietet auch alles, was ein zeitgemäßes Kunsthaus bieten muss: ständig wechselnde Ausstellungen, interaktive Ansätze, lebendige Führungen, kunstpädagogische Werkstätten, Forschungsschwerpunkte, Vortrags- und Unterhaltungsevents, einen Kunstshop und ein Kunstcafé. Eben einen ganzen Archipel rund um die Kunst der Grafik.

Denn Grafik in allen Facetten wie Zeichnung, Lithografie oder Illustration war die Welt des Horst Janssen. Landschaften, Porträts und Erotik waren seine Themen. Kaum ein Bild, in dem sich die Liebe zu den Frauen seines Lebens nicht in aller Macht der Erotik wiederfindet. Frauen füllten seinen Lebens- und Liebesarchipel, und die Nachwelt darf sich hier daran erfreuen. Und wenn man ganz wirr und wuschig im Kopf geworden ist und verzweifelt an dem Gedanken der Zucht und Züchtigkeit, dann kann man in dem wunderbaren Café eine Auszeit nehmen. Der fabelhafte Innenhofgarten wird die Phantasie zähmen, bündeln und ordnen. Die Kunst der Küche wird dabei helfen und die Kunst des Buchdrucks die Eindrücke verfeinern.

Adresse Am Stadtmuseum 4–8, 26121 Oldenburg | **ÖPNV** fast alle Buslinien, Haltestelle Lappan | **Öffnungszeiten** Di–So 10–18 Uhr | **Tipp** Im Museumsgarten lässt sich neben vielen anderen Kostbarkeiten eine dekorverzierte Grotte aus der ursprünglichen Gartenanlage bewundern.

52 Die Hullmann-Brennerei

Gut gereifte Schnapsideen

In Oldenburg hat man schon immer viel Schnaps gebrannt und auch getrunken. Der Hullmann-Hof ist seit dem 15. Jahrhundert an dieser Stelle verbürgt, die großzügige Hullmann-Villa stammt aus neueren Zeiten. Der Betrieb wird inzwischen in der 17. Generation geführt.

Alles, was man zum Schnapsbrennen braucht, baut man selbst an, vor allem den Weizen. Diese Beständigkeit zahlt sich aus, auch wenn die Zeiten manchmal mehr als turbulent sind. So hat die Brennerei auch wirklich schon schlechte Zeiten hinter sich – das Brennen von Industriealkohol hat sie aber phasenweise über diese Durststrecke gerettet. Ohne das staatliche Monopol haben die meisten Brennereien schließen müssen, Familie Hullmann hat aber andere Wege beschritten: An »Gabiko«, dem ganz billigen Korn, gab es kaum noch Bedarf, wogegen für gehobene Produkte die Szene und der Markt wuchsen. So besann man sich auf die Produktion von flüssigen Schätzen. Und die Schatzkammer liegt in den alten Gewölben der Brennerei.

Dort in den Kellerräumen lagern über 300 Fässer mit mehr als 160.000 Litern Alkohol und lassen sich Zeit. Denn Zeit ist eines der Instrumente der heutigen Destillateur-Kunst. Ein guter Brand muss nicht nur gut gebrannt sein, er will auch ausgebaut werden, und er soll reifen. Daher lagert das gute Weizendestillat manchmal über zehn Jahre lang in alten Holzfässern, in denen schon Bourbon, Cognac oder Sherry reifte. Diese limitierten Edelmarken lassen auch die Herzen von Whisky- oder Grappakennern höherschlagen. So entsteht zum Beispiel eine Serie mit dem markanten Namen »Charge 15«, wobei die Zahl für den Jahrgang der Abfüllung zeichnet.

Jeder Jahrgang, jede Charge ist dabei anders, Charge 13 trug eine Whiskynote, Charge 14 eher eine Sherrynuance. So bleibt der Hullmann-Korn auch ein Edelgesöff mit Charakter. 15.000 Weizenkörner pro Flasche sind schließlich für einen Fusel viel zu schade.

Adresse Butjadinger Straße 400, 26125 Oldenburg, Tel. 0441/391241, www.hullmann-korn.de | **ÖPNV** Bus 323, Haltestelle Mittelkamp | **Öffnungszeiten** Privatgrundstück, mit Rücksicht oder Erlaubnis von außen immer zu besichtigen | **Tipp** Die Grundschule Etzhorn an der Butjadinger Straße 355 ist über 355 Jahre alt und somit eine der ältesten der Region. Alte Schulmauern stehen hier neben modernen Unterrichtsräumen.

53 Die Hundehütte am Stau

Wo Grün und Blau sich streifen und mischen

An dieser Straße stehen noch viele schöne alte Oldenburger Häuser, manches davon gehört zur traditionellen Gattung der »Hundehütte«. Einfach deshalb, weil es in der Frontalansicht einer solchen ähnelt. Gerade Wände, Fenster drin, Dach drauf, fertig ist das Hundehaus. Wenn es eine echte Hundehütte ist, dann darf auch das klassische Eulenloch nicht fehlen. Es ist ein rundes Fenster ganz oben im Giebel, direkt unter dem Dachfirst. Dieses runde Fenster war oft unverglast, sodass Vögel und auch Eulen dort Schutz suchten.

Eulen gibt es in der Stadt wohl kaum noch, aber Eulenlöcher in Hundehütten glücklicherweise schon. So unscheinbar, wie sich eine Hundehütte von außen gibt, so überraschend kann ihr Inneres oder Hinteres sein. Also nix wie los, Gartentor auf und rein. Hier darf man es, hier soll man es, hier ist man willkommen. Das merkt man sofort, wenn man um die Ecke biegt. Ein Zauber wohnt diesem schönen Hause inne, in dem das »Café Grünstreifen« seine Gäste erwartet. Ein großer, alter, fast verwilderter Garten voller ungewohnter Kraft begrüßt den Besucher mit seinem Charme.

Handgemachtes Frühstück, hausgemachter Kuchen und erlesener Kaffee aus Omas Sammeltassen sorgen für ein heimisches Gefühl. Mit der Tasse in der Hand kann man den Gartenwegen folgen und in grünen Nischen Sitzgelegenheiten finden. In den Winkeln und Ecken überraschen künstlerische Fundstücke.

Die Kunst darf man hier nicht übersehen, schließlich heißen die Kreativräume in dem Haus »Staublau«, und das, weil es am Stau steht und weil Blau die Farbe der Kunst ist, wie schon beim Blauen Reiter. Auch hier finden sich künstlerische Initiativen, die Kreativität leben und den Oldenburgern nahebringen – Literatur, Malerei, Fotografie und Schauspiel sind vertreten. Die Ateliers sind häufig offen, die Künstler zugänglich. Die Hundehütte ist ein Ort des Austauschs. Lassen Sie sich inspirieren von der kreativen Kraft des »Grünstreifen« und »Staublau«.

Adresse Staugraben 9, 26122 Oldenburg, Tel. 0151/59457403 | ÖPNV fast alle Buslinien, Haltestelle Lappan | Öffnungszeiten Di–Sa 9–18 Uhr, So 10–18 Uhr | Tipp In der Staulinie 10 befindet sich das vielleicht engste Parkhaus der Stadt. Die Wandmalereikunst und die Aussicht von der Dachterrasse sind sehenswert, Einparkkünste sollten aber auch vorhanden sein.

54_Die Huntebrücke

Nur Fliegen ist schöner

Atemberaubend ist die Aussicht von dieser Brücke. Eine Perspektive, die sonst nur Vögel genießen dürfen.

Es gibt über 300 Brücken in Oldenburg. Es gibt auch viele Brücken über die Hunte in Oldenburg, aber die einzig wahre Huntebrücke ist diese. Sie ist eine der majestätischsten Autobahnbrücken im Nordwesten und ragt ganze 26 Meter hoch in den Himmel hinauf. So hoch braucht man in der Oldenburger Landschaft normalerweise nicht zu bauen. Damit aber der Oldenburger Stadthafen weiterhin der Schifffahrt zugänglich blieb, musste dieses erhabene Bauwerk her.

Zu Bauzeiten der Huntebrücke liefen in der Oldenburger Brandwerft noch große Schiffe vom Stapel, und diese sollten auch bei Hochwasser ungehindert in Richtung Weser und Nordsee ziehen können. Um eine solche Höhe zu erreichen und dabei eine Steigung einzuhalten, die auch von Lkw-Gespannen zu bewältigen ist, musste man lange Anlauf nehmen. Auch wenn die Spannweite selbst nur 440 Meter beträgt, erstreckt sich der ganze Brückenabschnitt auf nahezu 2.500 Metern.

Seit 40 Jahren trägt die Brücke viel zu schwere Lasten. Schließlich bringt manch ein Gespann heutzutage 300 Tonnen auf die Straße. Die Substanz ermüdet, die Brücke wird ersetzt werden müssen. Bis dahin kann man aber die Aussicht genießen. Mit dem Auto in dieser Höhe unterwegs bleibt nicht viel Zeit zum Bewundern. Zu schnell gleiten das Panorama der Hunteauen und die Stadtsilhouette mit den fünf Türmen der Lambertikirche an einem vorbei. Wenn der kurze Blick aus den Fenstern einen fesselnden Eindruck hinterlassen hat, dann sollte man selbst dieses Bauwerk erklimmen. Unterhalb der Fahrbahn befindet sich nämlich eine Galerie, die Fußgängern und Radfahrern eine Überquerung des Flusses in dieser luftigen Höhe ermöglicht. In ihrer Mitte muss man einfach kurz innehalten, und der Postkartenblick ist perfekt. Wenn man in Oldenburg Bungee-Springen machen wollte, dann nur von hier.

Adresse Klostermark 72, 26135 Oldenburg | ÖPNV Bus 316, Haltestelle Kloster Blankenburg | Tipp Mit dem Fahrrad oder auch zu Fuß kann man die imposante Huntebrücke unterqueren und über den Neuen Weg, eine der ältesten Eichenalleen der Region, den Stadtwald erreichen (Parkplatz am Blankenburger Weg 3). Auf einem Rundgang wird dort an 17 Stationen über den Lebensraum Wald informiert.

55 Die irreale Stalinallee

Ein Treffpunkt des freien Geistes

Bei Beppo ist alles wie früher. Manch ein Wiederkehrer, der schon jahrzehntelang nicht mehr hier war, fühlt sich sofort wieder heimisch. Bei Beppo ist noch Platz für einen Stammtisch, bei Beppo wird noch Skat gespielt, bei Beppo findet das Doppelkopfturnier statt, bei Beppo gibt es eine Folk-Session mit Geige und Dudelsack, bei Beppo können Vereine und Bürgerinitiativen Raum für ihre Treffen finden. Bei Beppo war das schon immer so. Das war sogar vor Beppo so.

Seit 1881 wird in diesem Haus Bier gezapft. August Reil eröffnete hier seine Gaststätte und seinen Kolonialwarenladen. Seine Inschrift prägt immer noch die Fassade des Hauses, dem sie auch bis 1969 seinen Namen gab. Dann übernahm Werner Brehm die Kneipe, ein Beamter bei der Oldenburger Polizei. Und weil er fast genauso hieß wie Beppo Brem, einstiger Schauspieler einer alten Vorabendserie, der im Film auch Polizist war, nannten ihn seine realen Polizeikollegen ebenfalls Beppo. Nun hatte der Polizei-Beppo eine Kneipe, und schon traf man sich in der Kneipe »Bei Beppo«.

Bis in die frühen 1980er Jahre war Oldenburg politisch rötlich gefärbt, die DKP war im Stadtrat vertreten. Die Landesregierung wähnte dort eine Hochburg der Radikalen, sodass linke Gruppen Schwierigkeiten hatten, Orte für ihre Treffen zu finden. Aber bei Beppo fanden Aktive und Aktivisten immer einen Platz, unter anderem auch Horst Unger mit seiner Parteigruppe, der später ab 1981 bei Beppo selbst Kneipenwirt wurde.

Zu der Zeit war der Laden ein linker Treffpunkt, die Auguststraße wurde auf diesem Stück Stalinallee genannt. Daran kann sich kaum noch jemand erinnern, und damit ist auch klar, dass bei Beppo doch nicht alles genauso wie früher ist. Aber der freie Geist ist hier immer noch willkommen, und freien Menschen wird hier immer noch Platz und Bier gewährt. Das Bier, von dem man schon immer sagte, es sei das bestgezapfte der Stadt.

Adresse Auguststraße 57, 26121 Oldenburg | **ÖPNV** Bus 308, Haltestelle Blumenstraße | **Öffnungszeiten** Mo–So 18–23 Uhr | **Tipp** Zahlreiche Häuser in den umliegenden Straßen, zum Beispiel in der Kastanienallee und der Auguststraße, lassen kunstvolle Fassaden, Verzierungen und Skulpturen entdecken. Manches restauriert, vieles noch im unscheinbar gewordenen Originalzustand.

56 Der italienische Friese

Eine famose Symbiose

In dem kleinen Eckladen lagern unzählige Köstlichkeiten und Kostbarkeiten. Schon das Schaufenster ist ein Blickfang, von dem man sich kaum wieder lösen kann. Allein bei diesem Einblick wird klar, dass man die volle Vielfalt von außen nicht erfassen kann. Der Blick von innen bestätigt das.

Von der Decke hängen Wurst- und Schinkenspezialitäten, hinter den schützenden Scheiben des Kühltresens reiht sich Käsestück an Käserad und Käsetopf. Es müssen über 100 Käsesorten sein, die dem Kunden auf den ersten Blick präsentiert werden. Die Vielfalt an unterschiedlichsten Salami- und Schinkensorten lässt einem danach endgültig das Wasser im Munde zusammenlaufen. So viel Liebe zum Detail und zur Spezialität hätte man bei einem nordisch-herben Friesen gar nicht vermutet.

Diesen Dualismus verkörpert »Käse Friese« schon seit über 25 Jahren an dieser Ecke, so ist der »Käse Friese« mit der Zeit tatsächlich friesisch geworden. Sein Inhaber ist aber ein gebürtiger Italiener. So wird die Verbindung von südlichem Charme und nordischer Brise perfekt. Leerdammer trifft auf feinsten Parmigiano, Gouda verträgt sich mit Scamorza, Kontrast wird zur Symbiose.

Karim Olivo ist als Chef, sooft es geht, selbst hinterm Tresen, seine Mitarbeiter unterstützen ihn bestens, und seine zwei Köche zaubern ganz in seinem Sinne. Denn während sich linksseitig des Eingangs der Verkaufsraum öffnet, findet der Gast rechts davon eine Feinkosttheke, die für das Auge und den Gaumen eine wahre Wonne ist. Aus frisch zubereiteten, möglichst regionalen Zutaten wird hier Tag für Tag ein neues Füllhorn an Köstlichkeiten präsentiert. Antipasti, Quiches und Tartes, Fischgerichte, Muscheln oder Fleischspezialitäten stehen hier nebeneinander. Kombinieren darf der Kunde selbst, oder er vertraut auf die Zusammenstellung der Profis aus der Küche. Eine feine Auswahl an Weinen, Sekten, Tonics und Limonaden macht das Erlebnis perfekt. Eine wunderbare Pause während eines Stadtbummels.

Adresse Gaststraße 23, 26122 Oldenburg | ÖPNV Bus 306, 308, 310, Haltestelle Julius-Mosen-Platz | Öffnungszeiten Mo–Do 8.30–18.30 Uhr, Fr 8.30–19 Uhr, Sa 8.30–17 Uhr | Tipp Eine schnelle Stulle oder einen Knust auf die Hand können Sie wunderbar bei »Knust« in der Burgstraße 31 essen, während Sie gegenüber in der »Kleinen Burg« eines der besten Restaurants der Stadt verwöhnt, gerne auch mit einem günstigen Mittagstisch im Sonnenschein.

57 Der Johannisgang

Die schmalen und kurzen Straßen von Oldenburg

Der Johannisgang gewährt wohl den schönsten Zugang zum Johannisviertel. Er verbindet das alte Wohnviertel mit dem Pferdemarkt, dem heutigen Verkehrs- und dem früheren Handelsmittelpunkt der Stadt.

Der schmale Gang zieht sich am »Casablanca« vorbei, dem Programmkino der Stadt, das dem Kommerz der Multiplexkinos Paroli bietet. Gegenüber dem Kinoeingang schaut ein Pferdekopf dem Treiben zu, ein Zeichen der alten Geschichte des Viertels: Hier, nahe dem Pferdemarkt, befand sich früher eine Rossschlachterei.

Der Johannisgang geht in die Nelkenstraße und die Kurze Straße über. In so kurzen und schmalen Straßen wurde keine Geschichte geschrieben, sondern schlicht gearbeitet und gewohnt. Das grobe Kopfsteinpflaster mit mittiger Klinkerspur zeugt davon. Die Häuser links und rechts der Straße sind ein Beispiel der Nutzarchitektur. Auf nur einigen Straßenmetern kann man gleich mehrere Wohnhausstile bewundern.

Da ist zuallererst mit der Hausnummer 28 die klassische Oldenburger Hundehütte, ein Giebelhaus mit seinem typischen Eulenloch unter dem spitz zulaufenden Dach. Daneben, in der Nummer 30, steht ein Beispiel des Oldenburger Klassizismus. Auf nahezu quadratischem Grundriss ruht das erhabene Mauerwerk mit klassizistisch geordneten Fensterfronten und einem Walmdach. Nur ein Haus weiter, Nummer 32 – und auch Nummer 46 –, findet sich ein sogenanntes traufständiges Wohnhaus von circa 1820, das vor allem wegen der geringen Baukosten nach seinen Vorbildern in Preußen auch in Oldenburg Verbreitung fand. Das rohe Ziegelmauerwerk mit einem Dachstuhl, der ohne Kniestuhl direkt auf der Erdgeschossdecke sitzt, sowie große Grundstücke dahinter erlaubten eine kostengünstige Unterbringung und Selbstversorgung großer Familien. 100 Jahre später wurden dieselben Zwecke mit anderen architektonischen Mitteln verfolgt, so zum Beispiel in dem gegenüberliegenden, für Oldenburg sehr untypischen Mehrfamilienhaus mit der Nummer 35.

Adresse Johannisgang, 26121 Oldenburg | ÖPNV Bus 301, 302, 304, Haltestelle Pferdemarkt | Tipp Das Bistro des Programmkinos »Casablanca« ist nicht nur vor oder nach einem Film einen Besuch wert. In der anliegenden Kinolounge kann man einen Film bei einem Glas Wein von einem Ledersessel aus genießen.

58 Der Käthe-Bulli

Tante Käthe machte alles möglich

Wer einen perfekten Kaffee trinken möchte, der ist bei Käthe auf jeden Fall richtig. Käthe steht gewiss nicht selbst an der Kaffeemühle, Käthe macht auch nicht selbst das Wasser heiß. Der Name kommt eigentlich von Tante Käthe, und Tante Käthe hat dieses Kaffeeparadies erst ermöglicht. Achim, der Chef, wollte sich schon immer selbstständig machen, er träumte davon, mit eigenen Ideen sein eigenes Geschäft zu gründen, und er hatte eine Großtante, die Käthe hieß.

Eines Tages starb die Großtante und hinterließ etwas Geld, das Achim aber nicht allein vertrinken wollte. Lieber machte er anderen eine Trinkfreude damit. So nutzte er das Gründungskapital, kaufte einen alten Bulli, ließ sich zum Barista schulen und gründete ein mobiles Café. Wie sollte es dann auch anders heißen als »Käthe Kaffee«?

Mit seinem Café-Bulli ist Achim immer noch unterwegs. Überall in der Stadt, wo man seinen Gästen einen erstklassigen Kaffee anbieten möchte, bucht man Käthe. Man findet den Käthe-Bulli ab und zu auch an markanten Orten der Stadt. Dann kann man quasi im Vorübergehen einen tiefschwarzen Espresso genießen. Im Vorübergehen, aber sicher nicht hastig. Denn Hast und Eile vertragen sich nicht mit Kaffee und erst recht nicht mit Käthe. Ein Kaffee braucht schon seine Zeit, egal, ob es der Cappuccino ist, dessen Milchhaube die perfekte Blume ziert, ob es der Espresso ist, dessen Crema nach dem Anpusten wunderbar wieder zusammenläuft, oder ob es der Handgefilterte ist, dessen aufs Gramm penibel gewogene Bohne millilitergenau mit auf das Grad temperiertem heißen Wasser gebrüht wird. Echtes Barista-Handwerk eben.

Und wer Käthe in der Kaiserstraße besucht, der kann nebenbei den Werdegang seines Kaffees vom Kaffeebauern über den Röster bis zur Tasse studieren und dabei auf Sofas und Sesseln aus den 50er Jahren Platz nehmen oder sogar selbst einen Barista-Workshop mitmachen.

Adresse Kaiserstraße 28, 26122 Oldenburg | **ÖPNV** fast alle Buslinien, Haltestelle Hauptbahnhof Süd | **Öffnungszeiten** Di–Fr 8–18 Uhr, Sa 10–18 Uhr | **Tipp** Die Kaiserstraße erwacht zum Leben, immer wieder eröffnen neue Läden. Probieren Sie »Karthago-Bibi« aus und öffnen Sie auch andere Türen. Stöbern Sie, fragen Sie, und Sie werden stets Neues finden.

59_Das Kennedy-Viertel

Ein Sperrbezirk und seine Metamorphose

Jede große Stadt hat ihr eigenes Getto. Und wenn Oldenburg eine Großstadt sein will, dann braucht sie auch eins. In den 1960er bis 1970er Jahren wurden hier über 1.000 kleinere Wohnungen gebaut. Die Demonstrativ-Architektur passte in die Zeit. Die zum Teil achtstöckigen Häuser gelten in Oldenburg als Hochhäuser.

Da wohnt keiner freiwillig, könnte man meinen. Noch 2007 sprach man vom Angstviertel. Hier traute man sich bei Dunkelheit nicht allein lang. Da griff die Stadt ein, das Viertel wurde in das Bundesprogramm »Soziale Stadt« aufgenommen, und bis 2015 wurden über fünf Millionen Euro in Sanierung und Mikroprojekte investiert. Die Fassaden wurden bunter, Balkone wurden verschönert, Spielplätze und Grünanlagen entstanden. Zwischen den Subkulturen des Vielvölkerstadtgebietes entstand Raum für Austausch, Begegnung und Miteinander.

Oli und Schino sind ein lebendiges Zeichen dafür. Die zwei Rapper sind hier aufgewachsen. Ihr Leben ist so, wie man es sich vorstellt: Schino musste mit fünf Jahren mit seinen Eltern aus dem Irak über Grenzen fliehen, Oli kommt aus zerrütteten Familienverhältnissen und trat wechselweise die Flucht zwischen Mutter und Vater an. Beides zeichnet fürs Leben. Beide fanden Gemeinsamkeiten, wurden zu Kiez-Geschwistern, beide hörten auf zu schweigen, fingen an zu singen, über ihr Leben im Getto, in ihrer Hood. Mitten in der Kennedy-Hood bauten sie ein eigenes Tonstudio und nahmen ihr erstes Album auf. »Hoodlove« heißt es, aus Liebe zu ihrer Hood, zu ihrem Getto, zum Kennedy-Viertel, zu Oldenburg. Menschen wie diese haben das Viertel verändert: »Die Sonne wirft ihre letzten Strahlen auf die Hochhäuser. Bäume rauschen leise im Wind. Vögel zwitschern. Hier, wo man abends nicht allein durch die Häusergänge gehen, wo man aus dem Nichts überfallen und zusammengeschlagen werden konnte, sitzen heute Frauen und Kinder im Gras und picknicken«, so ihr Text.

Adresse Kennedystraße 10–52, 26131 Oldenburg | ÖPNV Bus 329, Haltestelle Kennedystraße | Tipp Ein Rundgang um den Kennedyteich lässt die integrative Bauplanung des Kiez-Gebietes erblicken. Einfamilienhaus grenzt hier an sozialen Wohnungsbau.

60 Die Klävemann-Häuser

Eine Stiftung setzt Maßstäbe

Ein ganzes Siedlungskarree ist hier seit mehr als 100 Jahren erhalten geblieben. Ansprechende Häuser in einheitlichem Stil bieten zahlreichen Familien einen Wohnraum, kleine bis mittelgroße Gärten sicherten früher den Lebensmittelnachschub, heute erlauben sie die Regeneration und Erholung der Bewohner.

Die Geschichte der Siedlung geht auf zwei Oldenburger Kaufleute aus dem 17. bis 19. Jahrhundert zurück. Schon im 15. Jahrhundert stellte die Familie Klävemann den Bürgermeister, später diverse Ratsherren der Stadt. 1676 verlor die angesehene Familie durch ein Feuer Haus und Hof und siedelte gezwungenermaßen an den Stau in Oldenburg um. In der Folgezeit handelten die Klävemanns vor allem mit Getreide und erwarben damit nicht nur ein Vermögen, sondern auch ein beträchtliches Ansehen in der Stadt und in der Bevölkerung. 1871 gründeten zwei Kinder der Familie eine Stiftung zur Schaffung von günstigem Wohnraum. Es ist die zweitälteste Stiftung dieser Art in Deutschland. Mehrere Projekte des »sozialen Wohnungsbaus« wurden von der Stiftung umgesetzt, unter anderem das Karree an der Nadorster Straße. Diese Idee hat bis heute nichts von ihrer Aktualität verloren. Seit Generationen wohnen hier Familien mit sozialem Bedarf und Engagement. Der ein oder andere Mietvertrag datiert noch auf die Jahre um 1925.

Aber auch heute wird günstiger Wohnraum benötigt. Die Vorstellungen hierzu sind höchst kontrovers. Das Zauberwort der innerstädtischen »Verdichtung« macht sich in Oldenburg breit. Jeder grüne Fleck soll möglichst große Mietshäuser aufnehmen, so plant man unter anderem auch hier umfangreiche Veränderungen. Manch einer spricht den Häusern die Sanierungsfähigkeit ab, die Grünanlagen bieten schließlich guten Grund zum Bauen, allen Stiftungszielen zum Trotz. Bürgerinitiativen gründen sich, Widerstand wächst, Mieter und Oldenburger wehren sich. Die Klävemann-Häuser sollen erhalten bleiben.

Adresse Nadorster Straße 183, 26123 Oldenburg | ÖPNV Bus 340, 440, Haltestelle Stiftsweg | Tipp Weitere Klävemann-Häuser befinden sich an der Donnerschweer Straße 128–150. Die Ursprünge des sozialen Wohnungsbaus werden hier deutlich.

61 Die kleine Kunstbühne

Vorhang auf für wahre Unikate

Schon wieder eine studentische Initiative, die es in sich hat. Etwas unscheinbar gelegen sind die Bühnen des »Unikums« in den fensterlosen Räumen des Unibunkers am Uhlhornsweg. Trotz aller Schilder glaubt man nicht, dass sich in dieser letzten Ecke des Campus ein solches Unikat verbirgt. Das »Unikum« ist lediglich eine Studentenwerksbühne mit zwei Räumen für bis zu 130 Zuschauer, mehr nicht. Das Studentenwerk verwaltet nur und bietet den Raum für die Akteure, führt aber keinerlei Regie. Das Theaterleben entsteht von selbst.

Einige studentennahe künstlerische Initiativen haben sich hier versammelt, nutzen in eigenen oder gemeinsamen Produktionen die Räume und machen diese zu einer ganz großen Bühne. Man muss sie nicht alle einzeln aufzählen, aber das OUT will genannt sein: Das Oldenburger Uni Theater ist ein bundesweit einmaliges Projekt einer Kultur-GmbH, in der verschiedene studentische Theatergruppen eine gemeinsame Bühne für ihre Projekte finden. Projekte wie zum Beispiel Improvisationstheater. Gleich zwei Gruppen finden hier ihre Heimat. Das grobe Thema wird zunächst mal vorgegeben, so stehen bei der Hafenshow der Gruppe »12 Meter Hase« gleich vier Personen am Hafenkai und winken. Zum Abschied? Mit Freudentränen oder zum Trauerspiel? Das wird das Publikum beeinflussen. Auch die Gruppe »wat-ihr-wollt« bringt das Publikum mitten in einen Kriminalfall oder eine Liebesgeschichte hinein, ganz nach den Wünschen des Publikums, wat ihr wollt eben.

Improtheater vom Feinsten, oft auf der Heimatbühne des »Unikums«, aber auch an externen Spielorten, bei einem Candle-Light-Dinner oder im eigenen Garten. Außerdem finden hier Hörspiel-Festivals, Kurzfilmabende, Kinonächte und bestes Kabarett eine Bühne und ein Publikum. Mit mehr als zwölf Neuproduktionen pro Jahr gehört das Oldenburger »Unikum« zu den erfolgreichsten studentischen Bühnen Deutschlands.

Adresse Uhlhornsweg 49–55, 26129 Oldenburg | ÖPNV Bus 306, 309, 350, Haltestelle Universität | Öffnungszeiten bei Veranstaltungen, von außen immer zu besichtigen | Tipp Unweit von hier, in der Ammerländer Heerstraße 100, öffnet das »Café Merlin« seine Türen und bietet seines Namens würdige traumhafte Köstlichkeiten in märchenhafter Atmosphäre an.

62 Der Klinkerbau

Die Machbarkeit des Wandels

Inmitten der heutigen Promenade, der aktuellen Flaniermeile der Stadt, stehen mehrere große Bürogebäude, die dem Promenieren auf den ersten Blick nicht zuträglich sind. Allen voran fällt das dunkel verklinkerte Gebäude der Agentur für Arbeit auf und scheint die Atmosphäre dieser aufstrebenden Hafenzeile fast zu stören. Wie kann es sein, dass ein schnöder Zweckbau in der Eins-a-Lage Oldenburgs steht und dort einen wertvollen Raum klaut, den man doch so viel besser nutzen könnte – sagen zumindest die zahlreichen Kritiker der Oldenburger Stadtplanung.

1987 war aber noch alles anders. Zu der Zeit befanden sich dort noch leer stehende Hallen, Kräne, Schienenanlagen. Sie standen still, die Zeit ihrer Nutzung war vorüber, sie hatten ausgedient. Das Gelände wurde zur Brache, zum Rotlichtmilieu, zum Kriminalitätskern Oldenburgs.

Da entschied man sich, Platz zu schaffen. Und weil keine anderen Interessenten in Sicht waren und großzügige Projekte die Budgets überforderten, baute man hier ein Arbeitsamt in der leisen Hoffnung, es würde schon den Anfang machen und Besucher anlocken. Von außen architektonisch in strengen Linien gehalten, eher ein dunkler, funktioneller Klotz als ein Prunkbau, innen aber lichtdurchflutet und mit einem großen begrünten Innenhof versehen, einladend – aber eben erst auf den zweiten Blick.

Der Bau ist für ein breites Publikum zugänglich, unter anderem auch für innovative Unternehmer und Start-up-Gründer. Das Gebäude ist selbst ein Start-up für das »schöne Oldenburg«, für die Vorzeigeadressen, für die neue Hafenpromenade. Ohne den Klinkerklotz wäre diese nicht denkbar und nicht machbar gewesen. »Machbar« ist ein gutes Stichwort für dieses Haus. Wenn Sie mögen, können Sie einen Kaffee oder einen kleinen Snack auf den gehobenen Ebenen des Kubus genießen, in der »MachBar«, der öffentlichen Kantine des Hauses. Der Name bleibt Programm.

Adresse Hafenpromenade/Stau 70, 26122 Oldenburg | **ÖPNV** fast alle Buslinien, Haltestelle Hauptbahnhof Süd | **Öffnungszeiten** Mo–Fr 8–12 Uhr; Kantine: Mo–Fr 7.30–11 und 11.30–14 Uhr | **Tipp** Im alt erhaltenen Gebäude des Cafés und Restaurants »Schwan« mit seinem Biergarten können Sie ein heißes oder kühles Getränk zu sich nehmen und den Blick auf das Wasser des Oldenburger Hafens mit seinem bunten Treiben genießen.

63 Das Kloster Blankenburg

Ausgegrenzt an der Stadtgrenze

Es war schon immer ein Ort der anderen Art, ein Ort für Andersartige, ein Ort für Aussätzige, ein Ort des Unwillkommens. Das Kloster Blankenburg steht an der Stadtgrenze, nur sechs Kilometer vom Zentrum entfernt, und doch gehörte es nie richtig dazu. Es ist hübsch eingebettet in die Felder und Wiesen der Marsch. Umflossen von der Hunte, könnte es ein Freizeitparadies sein.

Gegründet wurde es 1294 als Dominikanerinnenkloster. Fast 300 Jahre wurde es auch als solches genutzt, bis es zu Graf Anton Günthers Zeiten der weltlichen Nutzung zugeführt wurde, zunächst als Brauhaus. Aber schon früh erkannte man die günstige Lage des Klosters, diesen unzugänglichen Standort mitten im Moor. So wurde es nacheinander ein Lager für Pestkranke, ein Armen- und Waisenhaus, eine Bewahr- und Pflegeanstalt, eine Irrenbewahranstalt, ein Siechenhaus. Immer ein Ort für Ausgegrenzte. 1937 wurde die städtische Pflegeeinrichtung »Gertrudenheim« hierher verlegt. 1941 wurde die Anstalt geräumt, und ihre über 250 Bewohner wurden zur Deportation in den Tod bestimmt. Die meisten von ihnen starben, davon mindestens 80 Kinder. Pekol-Busse fuhren die Patienten zum Bahnhof, die meisten Oldenburger schauten weg, wenige zu, und nur vereinzelte leisteten Widerstand.

Aber auch in der neuen Zeit wurde es ein Tuberkulosekrankenhaus, ein Altenheim, eine langzeitpsychiatrische Klinik mit einer durchschnittlichen Aufenthaltsdauer von über 16 Jahren. Erst 1988 wurde die Psychiatrie geschlossen. Da hätte man hoffen können auf eine offene, zugewandte Nutzung des Areals. Aber schon 1989 wurde hier ein Asylbewerberheim eröffnet. Wieder wurden die Tore geschlossen, Zutritt verwehrt, Ausgang reglementiert. Weit vor der Stadt, unsichtbar für Oldenburg.

Ein Ort der Ausgrenzung, ein Mahnmal der Unwillkommenskultur. Dabei setzen Zäune der Integration unnötige und undurchdringliche Grenzen.

Adresse Klostermark 70–80, 26135 Oldenburg | **ÖPNV** Bus 316, Haltestelle Kloster Blankenburg | **Öffnungszeiten** von außen immer zu besichtigen | **Tipp** Zunächst dem Zaun, später dem Hunteverlauf folgend, kann man zu Fuß in 20 Minuten das »Café Huntewasser« erreichen. Eine wunderbare Idylle und willkommene Abwechslung in Blankenburg.

64 Der Kohl im Krug

Wohin geht die Kohlfahrt?

Zu einem ordentlichen Grünkohlessen gehören neben dem Grünkohl natürlich auch Kochwurst, Speck, Kassler und vor allem Pinkel. Ohne Pinkel ist der Grünkohl nicht ganz echt. Und wenn man es ganz traditionell nimmt, dann müssen sowohl der Grünkohl als auch sein Esser vorher ordentlich frieren. Der Kohl braucht den Frost, damit die Bitterstoffe aus der Pflanze schwinden und der Grünkohl besser schmeckt, der Esser braucht den Frost, damit der Hunger größer wird.

Am besten macht man mit seinen Freunden eine richtige Kohlfahrt. Und wer glaubt, er könnte es sich dabei gemütlich einrichten, weil er währenddessen gefahren wird, der irrt gewaltig. Mit einem gut gefüllten Bollerwagen, warmen und kalten Getränken in zahlreichen alkoholischen Variationen und noch mehr Trinkideen zieht man dann los, am besten durch eine schneebedeckte Landschaft, bevor man nach stundenlangem Marsch zwar nicht verdurstet, aber halb verhungert in eine Gaststätte wie den Bümmersteder Krug einkehrt. Und wenn der Gast und der Kohl gut durchgefroren sind, dann schmeckt der Kohl auch himmlisch – und die Pinkel dazu königlich. Derjenige, der am Ende am majestätischsten essen konnte, wird schließlich zum Kohlkönig erkoren.

Den Bümmersteder Grünkohl kann man nicht nur hier, sondern auch in Berlin essen. Seit mehr als 25 Jahren wird er aus dieser Küche zum alljährlichen »Defftig Ollnborger Gröönkohläten« für die Honoratioren der Hauptstadt geliefert. Es findet sich kaum ein hoher Politiker, der noch nicht in die Liste der Kohlmajestäten aufgenommen wurde. Mehr als 200 Kilogramm Grünkohl und 250 Kilogramm Fleischwaren müssen dort von knapp 300 prominenten Gästen verzehrt werden. Eine wahrhaft majestätische Leistung. Generell kann man Grünkohl aber auch in trendigen Varianten genießen, vegetarisch mit Apfelmus, vegan mit Soja-Medaillons, als Rohkostsalat mit Cashewkernen oder auch als Superfood-Smoothie.

Adresse Sandkruger Straße 180, 26133 Oldenburg | ÖPNV Bus 304, 315, Haltestelle Dorfweg | Öffnungszeiten Di–So 17–24 Uhr, Juli–Sept. Di Ruhetag, So ab 11.30 Uhr | Tipp Wer dem Dorfweg und dem Denkmalsweg folgt, findet neben traditionsreichen Pferdehöfen und einem alten Gedenkstein des Deutsch-Französischen Krieges auch den Zugang zu den malerischen Weiten der Huntemarsch.

65 Der Korntrinker

Von bäuerlicher Idylle geprägt

Der nahe gelegene Etzhorner Weg ist lang und schmal gebaut, seine Fahrbahn oft uneben, von Bodenwellen durchsetzt. Er wird dem heutigen Standard des innerstädtischen Straßenbaus nicht gerecht, ein Fußweg fehlt an vielen Stellen, an einen abgetrennten Radweg ist nicht zu denken. Dennoch ist dies ein Ort, der gesehen werden will.

Schon um 1600 war der Weg eine wichtige und notwendige Verbindung zwischen den anliegenden Bauernschaften und Oldenburg. Hier siedelten sich frühzeitig mehrere Bauernhöfe, sogenannte Köterhöfe, an, von denen auch heute noch viele deutlich sichtbar die Landschaft prägen. Zwischen teilweise modernen kubischen Wohnhäusern gelegen, dominieren sie als prächtige reetgedeckte Bauernhäuser mit großen Einfahrten, die Umgebung von uralten Eichen umsäumt. Entstanden sind sie als Ableger von bäuerlichen Stammhöfen. Laut Erbfolge wurde der Stammhof an den Ältesten vererbt, weitere Söhne mussten auf eine Köterstelle ausweichen.

Die ergänzende Infrastruktur entstand in den späteren Jahrhunderten. 1873 wurde am Haus Nummer 227 eine Windmühle nach holländischem Vorbild errichtet, 1928 wurde sie durch eine Motormühle ersetzt, 1949 an einen anderen Standort in Etzhorn verlegt. Die Mühle mahlte das Korn der umliegenden Felder auch für die drei Etzhorner Brennereien. So wurde ihr schon zur Gründungszeit eine Schankerlaubnis erteilt, eine Wirtschaft entstand. Auch heute kann man in der Alten Mühle unter einem neuen Namen gut und zünftig trinken und speisen.

Der Etzhorner Weg endet bei einer anderen Gastwirtschaft, dem Etzhorner Krug. Seine Historie reicht ins 16. Jahrhundert zurück. Bis ins frühe 20. Jahrhundert wurden hier noch Wegezölle erhoben und Fahrgäste der Braker Gummibahn bewirtet. Zur Erinnerung an die alte Zeit des Branntweinmonopols sitzt hier der »Korntrinker«, ganz in Bronze, mit einer Flasche Hullmann-Korn in der Hand. Der Schnaps war für Etzhorn schon immer von großer Bedeutung.

Adresse Butjadinger Straße 341, 26125 Oldenburg | ÖPNV Bus 323, Haltestelle Ekernstraße | Tipp Über Spazierwege am Haseler Weg und am Dillweg erreicht man die stillgelegte Braker Bahn. Die Mühle und der Krug können dabei Start und Ende einer Wanderung sein und zur Einkehr einladen.

66 Die Kräuterei

Der himmlische Duft der Pelargonien

Ein altes Wohnhaus an der viel befahrenen Straße steht neben der Einfahrt zum Gelände der Kräuterei. Ein verwegener Wintergarten bietet eine kleine Auswahl an Pflanzen und Gartendeko. Allein deshalb würde kaum ein Besucher den Hof betreten, dabei aber viel versäumen.

Seit 25 Jahren ist die Kräuterei ein anerkannter Bioland-Betrieb und baut ursprüngliche Gartenpflanzen, Blumen und Kräuter auf eine naturnahe Art an. Neben alten, fast vergessenen Rosensorten finden sich in den Beeten Sommerblumen und blühende Stauden. Eine unglaubliche Auswahl an Kräuterpflanzen, die jeder in seinem eigenen Garten, Balkonkasten oder Blumentopf heimisch werden lassen kann, macht dem Namen »Kräuterei« alle Ehre. Mehr als 400 Sorten stehen auf der Liste der Kräuterei. Tee-, Duft-, Heil- und Gewürzkräuter bilden die perfekte Mixtur. Von Akelei über neun Sorten Basilikum, russischen Estragon, Koriander, Pimpinelle, römischen Wermut bis zu Zitronenverbene ist alles dabei, was der Nase und dem Gaumen Freude macht. Und wer der Kräuterkunst misstraut und in der Küche nicht daheim, aber dennoch den Düften verfallen ist, der muss nur eines der Gewächshäuser betreten. Unter den schützenden Scheiben der gläsernen Dächer stehen, wachsen und gedeihen lange Reihen von ausgewählten Duftpelargonien. Unscheinbar im Blattwerk, etwas knorrig im Wuchs, stehen sie in kleinen und großen Töpfen und warten auf den Besucher, der trotz der unscheinbaren Blüte den Finger nach ihnen ausstreckt. Ein Hauch von Berührung entlockt den Pflanzen betörende Düfte, die noch für lange Zeit an der Hand haften bleiben und dem besten Parfüm die Schau stehlen.

Wählen Sie aus den 50 verschiedenen Duftsorten, vergleichen Sie Ananas-, Kapland-, Rosen- und Zitronenduftpelargonie. Lassen Sie sich betören und entführen in die Welt der Kräuter- oder Blumendüfte. Folgen Sie Ihrem Geruchssinn!

Adresse Alexanderstraße 29, 26121 Oldenburg | ÖPNV Bus 302, 313, 329, Haltestelle Humboldtstraße | Öffnungszeiten Mo – Fr 10 – 18 Uhr, Sa 10 – 14 Uhr | Tipp Das »Solero« in der Alexanderstraße 39a bietet mediterrane Küche als Frühstück, Büfett oder Abendessen an und eine wunderbare Willkommensatmosphäre dazu.

67 Die Kulturfabrik

Das Karussell der Kulturen

Im »Bahnhofs4tel« ist der Wandel sichtbar und allgegenwärtig. Seit den 1980er Jahren wird das ursprüngliche Gewerbe des Bahnhofs- und Hafenviertels verdrängt und verwandelt. An den Bauten des Viertels lässt sich dies wunderbar erleben. Allen voran ist der Hof, oder schöner: die Piazza der »Kulturetage«, einen Blick wert.

Die Gebäude wurden früher als Lagerhäuser genutzt. Alte Träger, Kranvorrichtungen und Flaschenzüge erinnern noch an diese Zeiten. An den Mauern hängen verrostete Laternen und Uhren mit verbogenen Zeigern, die früher den Arbeitern Licht ins Arbeitsfeld brachten und heute die Zeit angehalten zu haben scheinen. Alte Tore stellen jetzt den Blickfang dar und lassen die Kultur in die Stadt hinein. Ein eiserner Dreimaster erinnert an die Zeiten der Schifffahrt und an die Verbindungen zu anderen großen Handels- und Hansestädten der Ost- und Nordsee. Und wo Handel betrieben wurde, wurden nicht nur Waren, sondern auch Kulturen ausgetauscht. Damit ist dieser Ort ideal für eine kulturelle Nachnutzung geeignet.

Viele soziokulturelle Projekte haben an diesem Ort in den letzten 30 Jahren Fuß fassen können. Musik und Konzerte, innovatives Theater und Spartenkino gehören zu den etablierten Angeboten, Bewegung und Tanz seit Langem zu den Alternativthemen. Beispielsweise findet sich in den Räumen der »La Calesita« eine Möglichkeit, Tango Argentino auf hohem Niveau zu tanzen. Die Tangoszene ist in Oldenburg lebendig und präsent. Sie bietet Kurse, Milongas und Festivals an, zu denen Tangotänzer, -lehrer und -DJs von überallher gerne kommen.

Eine der schönsten Veranstaltungen des Jahres, für die die Macher der Kulturetage Pate stehen, ist der Kultursommer in Oldenburg. Eine Fülle an kulturellen Ereignissen lassen die Oldenburger aufblühen, Open-Air-Konzerte und Indoor-Aktionen wechseln sich ab, Musiker und Künstler beleben die Stadt und der Schlosshof wird zur märchenhaften Filmkulisse.

Adresse Bahnhofstraße 11, 26122 Oldenburg | ÖPNV fast alle Buslinien, Haltestelle Hauptbahnhof Süd | Öffnungszeiten Mo–Fr 10–14 und 16–19 Uhr und zu Veranstaltungen | Tipp Falls Sie den kulturellen Genuss noch vertiefen wollen, wartet das »Theater hof/19« in der Bahnhofstraße 19 mit bestem Sprechtheater auf Sie.

68 Das Lakritzlädchen

Süßholz muss man probieren, nicht raspeln

Direkt am Markt und vor den Haupttoren des Rathauses, dort, wo sich früher Oldenburgs Handelswege kreuzten, wo der Handel zu Land und zu Wasser kontrolliert wurde, ist der richtige Platz für dieses Lädchen. Echtes Süßholz ist der Name einer Pflanzenart, deren Wurzelextrakt aufgrund der ihm zugeschriebenen heilenden Kräfte schon in der Antike Verwendung fand. 1760 hat ein Apotheker dem Saft Zucker zugesetzt, seitdem wird sie als Süßigkeit genossen.

Weil die Pflanze aus dem Orient stammt, kennt man den Lakritzgenuss bis heute vor allem in küstennahen Regionen. Die Niederländer lieben es, Österreicher kennen es gar nicht. Ob Schnecken, Raspeln oder Lollis, fast jede Art Süßholz findet man bei »Süßholz«. Lakritz in jeder Form, in jeder Geschmacksrichtung, nahezu in jeder Farbe und aus aller Herren Länder. Auch für Nichtliebhaber der herzhaften Süße ist es ein Erlebnis, und echte Liebhaber finden hier am Markt ein kleines Paradies.

Das Lädchen kommt unscheinbar daher. Nur ein kleines, dafür aber feines Schild weist auf die Geschmacksperle hin. Auch wenn man weiß, wo man den Eingang findet, wird man abgelenkt von der Werbung der Umgebung. Aber das »Süßholz« braucht keine offensive Werbung, keine Internetauftritte, keine Gutscheinhefte. Allein die Mund-zu-Mund-Propaganda reicht aus, um das Lädchen mit Kunden zu füllen. Mit Lakritz und vor allem mit Leben füllt es Josephine. Seit 2012 ist sie hier vor Ort und legt ihren Kunden die Welt der Lakritze zu Füßen. Früher war sie im Gesundheitswesen unterwegs, stand am OP-Tisch und sorgte dort schon für warmherzige Atmosphäre und bunte Farben. Aber so richtig schlug ihr Herz für das süße schwarze Gold. So machte sie sich auf den Weg in die Welt der Süße. Von vielen belächelt, von manchen für realitätsfern erklärt, suchte sie ihren Weg ins Glück. Zum Glück. Was wäre Oldenburg nur ohne dieses Lakritzlädchen?

Adresse Markt 23, 26122 Oldenburg | **ÖPNV** Bus 301, 314, 318, Haltestelle Pulverturm | **Öffnungszeiten** Mo–Fr 10–18 Uhr, Sa 10–17 Uhr | **Tipp** Am besten, Sie verlassen gar nicht das Haus. Nehmen Sie Ihr Lakritztütchen gleich mit nach gegenüber in das »Kaffee Hamburg«. Ganz gleich, ob es oldenburgisch oder echt hanseatisch ist, hier trifft sich das Publikum, das einer weltoffenen Stadt würdig ist. Das Angebot und das Interieur sind es auf jeden Fall auch.

69_Das Landhaus Etzhorn

Klassisches und Klassizistisches in einem

Das großzügige Areal des Landhauses hat eine sehr lange Geschichte. Schon 1329 wurde der hier angesiedelte Stammhof der Familie Harms urkundlich erwähnt. 1905 wurde das Anwesen von dem Brennereibesitzer Hullmann erworben und umgebaut. Es entstand zunächst ein Bauernhaus niedersächsischer Bauart mit Fachwerk und Reetdach, das unter dem Namen »Etzhorner Bauernstube« bekannt war. Ein Feuer vernichtete es 1973. Auf seinen Grundmauern wurde ein Neubau errichtet, der an die alte Geschichte so gar nicht erinnert. Eigentlich ein völliger Stilbruch. Der pseudoklassizistische Baustil würde wohl in Oldenburgs Innenstadt passen, aber nicht so sehr in diese bäuerliche Idylle. Dennoch macht das Haus seinem Namen alle Ehre. Es entwickelte sich zu einem renommierten Restaurantbetrieb Oldenburgs.

Eine eines Landschaftsparks würdige Anlage umsäumt das Haus, bietet Platz und Raum für einen Spaziergang zwischen Bäumen, Büschen und Blüten, für ein Gespräch mit Familie und Geschäftspartnern oder auch für eine imposante Hochzeitsfeier mit weißem Schmuck und roten Rosenblüten.

Die Betreiber und Köche haben sich hohe gastronomische Ziele gesetzt. Regional müssen alle Zutaten sein. Respekt vor dem Leben der Tiere will gezeugt sein, vom Bauern, vom Koch und vom Gast zugleich. Ganzheitlich soll der Kochansatz sein. Schlagworte, denen man nicht leicht Glauben schenken kann. Das Mehl für das selbst gebackene Brot kommt aus kleinen niedersächsischen Mühlen, das Gemüse vom Biohof um die Ecke, selbst das Salz stammt aus einer niedersächsischen Saline bei Göttingen. In der Tierhaltung werden Freiland- und Mutterkuhhaltung und Natursprung gefordert, das Fleisch wird selbst abgehangen, es findet immer eine Ganztierverwertung statt. »Edelteile gibt es bei uns nicht. Bei einem Tier, das sein Leben für uns hergeben muss, ist jedes Teil edel – und es schmeckt auch, wenn man es nur richtig zubereitet.« Guten Appetit!

Adresse Butjadinger Straße 398, 26125 Oldenburg | **ÖPNV** Bus 323, Haltestelle Mittelkamp | **Öffnungszeiten** regelmäßiger öffentlicher Sonntagsbrunch und nach Vereinbarung | **Tipp** Im Garten steht in voller Pracht eine wunderbare Magnolie, die die größte weit und breit sein könnte. Ihre massenhaften Blüten erblühen im Frühjahr in zartem Weiß-Rosa, und wenn sie später fallen, dann scheint es zu schneien.

70 Die Lappan-Schmiede

Altes Handwerk in historischem Umfeld

Der Lappan ist selbst eines der Wahrzeichen der Stadt. Er wurde 1467 als Glockenturm an die Heilig-Geist-Kirche von 1394 angebaut, »angelappt«. Während die Kapelle den großen Stadtbrand nicht überstand, blieb der Turm bestehen. Das Kapellengewölbe wurde abgerissen, und neue Gebäude wurden an den Lappan-Turm angelappt.

In diesen angebauten Gebäuden gab es schon früh eine Schmiede. Zentral, in der Nähe der alten Stadttore gelegen, dort, wo Handels- und Transportwege in die Stadt führten, schien ein guter Standort für einen so wichtigen Handwerksbetrieb zu sein. Schließlich war der Schmied damals so existenziell wie heute eine Tankstelle. Früher unentbehrlich für die Versorgung der Pferde, heute von Bedeutung als Stätte des feurigen Kunsthandwerks. Feuer, Eisen und alte Zeiten mit ihren Geschichten werden in diesen Mauern immer wieder lebendig. Und nicht nur das Geschmiedete erzählt Geschichten, auch die Schmiedin tut es.

Edda Sandstede übernahm vor mehr als 35 Jahren die alteingeführten Räume im traditionsreichen Lappan. Damals schien die Schmiede mit offenem Schmiedefeuer ganz gewöhnlich. Die Schmiedin selbst ist aber gar nicht gewöhnlich: 1959 begann sie ihre Lehre, schon kurz danach folgten Ehrungen, Titel, Studium, Ausstellungen, Veröffentlichungen und Filmdokumentationen. Aus Handwerk wurde Kunst. In der Schmiede gibt es Großes und Grobes, Kleines und Filigranes zu bewundern, zu bestaunen und zu erwerben. Jedes Stück ist ein Kunststück aus dem eigenen Feuer und mit dem Feuer einer eigenen und einzigartigen Geschichte. Edda hat die Schmiede und ihr Handwerk in eine neue Zeit geführt, dafür gesorgt, dass Altes bewahrt bleibt und Neues entstehen kann. So wird es auch nach Edda die Schmiede und das Schmieden an diesem Ort weiter geben. Das Schmiedefeuer der Alten Schmiede wird noch lange nicht erlöschen

Adresse Lappan 4, 26122 Oldenburg | **ÖPNV** fast alle Buslinien, Haltestelle Lappan | **Öffnungszeiten** Di–Fr 10–13 und 14.30–18 Uhr, Sa 10–14 Uhr | **Tipp** Das »Café Extrablatt« ist ein Grand Café wie aus alten Zeiten. Es empfängt Sie in der Langen Straße 90. Die Einrichtung und der Treppenaufgang muten beeindruckend historisch an.

71 Die Lazaruswiesen

Eine vergessene Auenlandschaft

An den alten Lazaruswiesen kann man wunderbar erfahren, wie schön, wie wertvoll, wie wichtig, wie ruhig und beruhigend ruhige oder auch nur beruhigte Flussauen sein können. Zugegeben, es ist lediglich ein kleines Stück Auenlandschaft an einem nicht allzu großen Fluss. Kein Vergleich mit der Elbe bei Hitzacker, aber dennoch ist ihre Schönheit grandios.

Die Mühlenhunte entspricht einem alten, ursprünglichen Verlauf der damals vorstädtischen Hunte. Hier standen seinerzeit zwei Wassermühlen. Sie sind seit 1345 beurkundet und trugen die Namen »Große Mühle« und »Sichtemühle«. Die letztere wurde sogar von zwei Wasserrädern betrieben und lieferte so bis 1846 besonders feines Mehl, sogenanntes sichtes Mehl, für Oldenburg. Die »Große Mühle« war noch bis 1891 im Dienst und wurde erst 1930 abgerissen.

Heute findet man keine Spuren mehr von ihnen, die Mühlenhunte wurde beim Bau der landschaftstrennenden Autobahn sogar teilweise zugeschüttet, die Lazaruswiesen mit Grünanlagen überbaut und fast vergessen. Im Rahmen der Errichtung der OLantis-Badelandschaft wurde der Bereich aber gänzlich neu gegliedert. Städteplaner gönnten der Stadt neues Grün, Schülerprojekte starteten Initiativen zu einem »thematischen Arboretum«, einer Sammlung von verschiedenen, teils exotischen Gehölzen. So wurde an dieser Stelle schon 2012 das Projekt »Plant for the Planet« der Vereinten Nationen aufgenommen, und die ersten fünf verschiedenen Bäume aus fünf Kontinenten unserer Welt wurden gepflanzt. Es ist Teil einer Aktion, deren Ziel es ist, mindestens eine Milliarde Bäume gegen die Erderwärmung zu pflanzen.

Die in Vergessenheit geratenen Lazaruswiesen haben schon früher den freien Menschen ohne Heimat einen Platz geboten. Heute sind sie Raum und Heimat für Aktionen, Feste und freie Kultur. Die Lazaruswiesen werden wiederbelebt, so wie ihr Name es auch verspricht.

Adresse Westfalendamm, 26135 Oldenburg | ÖPNV Bus 280, 289, 315, Haltestelle Bachstraße | Tipp Folgen Sie dem Gewässer der Mühlenhunte stromaufwärts am Flussbad des OLantis vorbei, unter den Straßenbrücken hindurch bis zum Flussauengebiet, und erfahren Sie die urbane Ruhe der Stadt.

72 Die Leo-Trepp-Straße

Eine Stadt steht zu ihrer Geschichte

In Oldenburg wurden in den letzten Jahren viele Straßen umbenannt. Die meisten Umbenennungen folgten der Erkenntnis, dass der bisherige Namensgeber sich gesellschaftlich disqualifiziert hatte, sodass die Stadt beschloss, sich von ihm zu distanzieren. Zumeist handelte es sich um Persönlichkeiten der Region, die nach und nach als Sympathisanten des Naziregimes erkannt wurden. So wurde die Dr.-Eden-Straße in Rahel-Straus-Straße umbenannt. Während Paul Eden Zwangssterilisationen in Oldenburg durchführte, war Rahel Straus eine Frauenrechtlerin, Zionistin und die erste an einer deutschen Universität ausgebildete Ärztin.

Die Leo-Trepp-Straße ersetzt in diesem Abschnitt einen kleinen Teil der Wilhelmstraße, die nun die Hausnummern 1 bis 24 eingebüßt hat. Nach welchem Wilhelm diese Straße benannt ist, ist nicht ganz klar, jedenfalls hat er derzeit wohl keine disqualifizierende Vergangenheit. Umso mehr ist die Umbenennung ein Zeichen der Achtung vor der hiesigen jüdischen Gemeinde und vor Leo Trepp persönlich.

Leo Trepp war der letzte Landesrabbiner vor dem Krieg und musste miterleben, wie auch in Oldenburg in der Reichspogromnacht die Synagoge abgebrannt und die jüdische Gemeinde nach und nach ausgelöscht wurde. Er emigrierte in die USA, setzte sich von dort aus stets für den neuen Dialog ein und besuchte fast bis zu seinem Tod einmal im Jahr seine Heimat Oldenburg.

Erst 1992 gründete sich die jüdische Gemeinde in Oldenburg wieder neu, und der Wunsch nach einer neuen Synagoge wuchs. Die Stadt übertrug das Gebäude, das 1868 als Baptistenkapelle gebaut wurde, später als Logenhaus des Guttemplerordens fungierte und danach in der Nutzung des PFL-Hospitals stand, schließlich der jüdischen Gemeinde. 1995 konnte die Synagoge feierlich eingeweiht werden. Da ist es nur recht, dass die Straße, an der sie steht, den Namen Leo Trepps trägt, der am Tag der Umbenennung 100 Jahre alt geworden wäre.

Adresse Leo-Trepp-Straße, 26121 Oldenburg | **ÖPNV** Bus 306, 308, 310, Haltestelle Julius-Mosen-Platz | **Tipp** Schon früh waren an der Peterstraße Gotteshäuser der wichtigsten Religionen und Konfessionen vertreten: die evangelische Garnisonkirche, die katholische Sankt-Peter-Kirche und die jüdische Synagoge. Auch heute noch tragen sie zu einer aktiven Diskussion um die Fragen des Glaubens bei.

73 Die letzte Schleuse

Die Hunte versteckt sich

Wenn man verzweifelt versucht, Oldenburgs Wasserstraßen zu durchschauen und deren Verlauf zu begreifen, dann ist dafür hier der beste Platz. An dieser Stelle münden sie alle zusammen, lediglich die Haaren fließt flussabwärts noch dazu. Am besten stellt man sich mitten auf die begehbare Straßenbrücke am Niedersachsendamm. Von hier oben kann man in das Becken der Schleusenanlage hineinschauen und den Kapitänen auf die Mütze spucken. Das Schauspiel ist großartig, große Binnenschiffe und kleine Yachten passieren die Schleuse, um über die Hunte in Richtung Weser und Nordsee oder über den Küstenkanal in Richtung Ems und Rhein zu fahren.

Während man also direkt über dem Küstenkanal und seiner letzten Schleuse steht und den tideabhängigen Hub von bis zu 5,40 Metern bestaunt, liegt rechts davon kaum sichtbar der ganz alte, ursprüngliche Verlauf der Hunte, die Mühlenhunte. Links fällt der Blick auf das alte Gebäude des Hunte-Wasserwerkes, dahinter kann man den heutigen Verlauf der Hunte erahnen.

Noch weiter links ist aber ein anderer Wasserlauf sichtbar, der Osternburger Kanal. Dieser nimmt das überschüssige Wasser der Hunte vor dem Hunte-Kraftwerk auf, leitet es an diesem vorbei und verbessert gleichzeitig die Ent- und Bewässerung der anliegenden Wiesen.

Wenn einem der Blick nicht genügt, dann wirft man am besten ein Stöckchen ins Wasser, dreht sich einfach nur um und schaut dem Stöckchen und dem Wasser hinterher. Dort vereinigen sich die Wasserläufe zu einem einzigen Hunteverlauf. Von hier oben oder auch vom Land unten wird der Blick auf die Stadtbrücken frei. Zunächst auf die mit 1.450 Metern längste Brücke Niedersachsens, danach auf die Cäcilien- und die Amalienbrücke, bevor der Wendehafen sichtbar wird, hinter dem im Herbst in Oldenburgs fünfter Jahreszeit sogar das Riesenrad des Kramermarktes erscheint. Wirklich schöne Aussichten.

Adresse Niedersachsendamm, 26133 Oldenburg | **ÖPNV** Bus 315, Osternburger Kanal | **Tipp** Von hier aus führen am Achterndiek drei wunderschöne Wege an den Wasserläufen entlang. Ob Sie den linken an der Hunte, den mittleren zwischen den Häusern oder den rechten am Küstenkanal wählen, bleibt der Inspiration überlassen. Der letztere führt Sie zu einer blauen Brücke und zu Wöbken, einem traditionellen Ausflugslokal der Stadt mit eigenem Schiffsanleger.

74 Der liebliche Blätterteich

Tradition mit Genuss

Nahe der heutigen Stadtgrenze findet sich dieses traumhafte Reich mit seinem lieblichen Blätterteich. Die Zauberkraft des Cafés lässt ein altes Bauernhaus neu erwachen, dessen frühere Architektur heute immer noch deutlich erkennbar ist. Zwar sind der Kuhstall, das Plumpsklo und der Erdkeller verschwunden, aber die verbliebenen Gebäude machen die Zeiten der bäuerlichen Arbeit immer noch spürbar. Auch die Lebensgeschichte der Familien wird ganz nah erlebbar.

Die Historie des Hauses lässt sich bis in das Jahr 1900 zurückverfolgen und ist als solche ebenfalls lebensnah in einem Buchwerk dokumentiert. Alte Familienfotos lassen die schwierigen Zeiten des zwanzigsten Jahrhunderts an einem vorüberziehen, ohne dass dies spurlos am Gemüt des Betrachters vorübergeht. Freudige Hochzeitsbilder vermischen sich mit Nachrichten des Todes, Momente des Erfolgs vermengen sich mit Zeiten der familiären Schicksale. Auszüge aus uralten Familienbüchern, Geldscheine zu einer Milliarde Mark aus der Ära der Hyperinflation der 1920er Jahre, Bilder von dem ersten Auto und den letzten Hühnern des Hofes untermauern emotional den Wandel der Zeit rund um Oldenburg.

Nicht weit von hier, am Ende der früheren Alexanderchausse, befand sich ehemals eine Wegegeldstation, an der für die Einfahrt nach Oldenburg eine Maut fällig wurde. In ihrer Nähe entstanden einige Ausflugslokale, die jahrhundertlang für Abwechslung von dem harten Alltag sorgten.

Die originären Kaffeehäuser haben im Laufe der Zeit ihre Tore schließen müssen, so ist es umso schöner, das mit dem liebevoll restaurierten und zauberhaft angelegten Café Blätterteich mit seinen Gärten und seinem Reich, sich erneut eine städtische Oase der Ruhe und Geborgenheit etablieren konnte. Die familiäre Tradition hat weiterhin Bestand, hält die Werte der puren Frische hoch und verzaubert den Gast und seinen Geist.

Adresse Alexanderstraße 412, 26127 Oldenburg | **ÖPNV** Bus 302, 313, 329, Haltestelle Brookweg | **Öffnungszeiten** Mi–So 10–18 Uhr | **Tipp** In der Alexanderstraße 488 befindet sich eine der modernsten Skatehallen Europas. Sowohl die Sprünge in den Halfpipes als auch der Kaffee im Café B sind ein Erlebnis.

75 Der »Mann im Matsch«

Ein Wünschelrutengänger weist die Richtung

Man sieht ihn fast nicht, man übersieht ihn, oder man will ihn nicht sehen. Dabei ist er doch so groß, so riesig, so monumental. Der Mann steht eingezwängt zwischen Mauern wie in einem Versteck. Und doch ist er unübersehbar, deutlich steht er über einem selbst und über den Dingen dieser Zeit. Er schaut, er wünschelt, er wünscht, er mahnt. Man selbst fühlt sich klein, ohnmächtig, niedrig und nahezu erniedrigt.

Da ist Thomas Schütte Großes gelungen. Er ist sicher einer der Großen der zeitgenössischen Bildhauerszene. In Oldenburg geboren, hat ihn die Kasseler documenta zunächst zur Kunst geführt, später hat er seine Kunst mehrfach dort ausgestellt. Er wird gefeiert, ihm werden Ausstellungen gewidmet, er wird wahrgenommen. Und seine Werke auch. Der »Mann im Matsch« beschäftigt ihn schon lange, das Werk gibt es in mehreren Variationen. In Klein wie eine Spielfigur aus Wachs, in Groß wie in der ständigen Ausstellung Louis Vuitton in Paris oder in Riesenhaft und in Bronze wie hier. Mal hält er eine Wünschelrute in der Hand, mal schaut er einem Hund nach, aber immer steht er im Matsch.

Über den Sinn der Kunst können sich Kenner streiten, über den Unsinn sich Kritiker ereifern. Aber auch dem kleinen Mann auf der Straße neben dem großen »Mann im Matsch« kommen Fragen in den Sinn. Ein Mensch auf unsicherem Untergrund, eine Wünschelrute in der Hand und ein betrübter Blick in die Ferne. Sind das die Werte einer Bank? Steht der Mann symbolisch für den Führungsstil der Geldwirtschaft, steht er für die Chancenlosigkeit des Bürgers oder für die Fassungslosigkeit der Gesellschaft?

Es ist gleich, welche Antwort der kleine Mann auf der Straße findet, es mag auch jeden Tag eine andere sein. Man muss den »Mann im Matsch« auch nicht immer werten, man kann gerne versuchen, ihn im Vorübergehen zu ignorieren. Aber entziehen kann man sich ihm nicht. Er wirkt stets und wünschelt weiter in die Zukunft.

Adresse Berliner Platz 1, 26123 Oldenburg | ÖPNV fast alle Buslinien, Haltestelle ZOB | Tipp Das Gebäude der GSG in der Straßburger Straße 8 war eines der ersten Gebäude, die das ehemalige Bahngelände revitalisierten. Der Eintritt in das Verwaltungsgebäude lohnt sich auch wegen der regelmäßigen Kunstausstellungen von angehenden Künstlern der Region.

76 Das Musik- und Literaturhaus

Ein Holzpalast der Inspiration und Improvisation

Das Domizil des Wilhelm13 erscheint von außen wie eine Bretterbude. Erst bei näherer Betrachtung zeigen sich seine bewegte Geschichte und sein heutiger Glanz. Gebaut wurde es schon 1914/15 als Isolierbaracke für das frühere Peter-Friedrich-Ludwig-Hospital und als solche auch lange genutzt. Noch bis 1989 war darin ein bakteriologisches Labor untergebracht. Danach folgte wegen schlechten baulichen Zustands eine Zeit des Leerstands. Wäre da nicht der Denkmalschutz, hätte man die Hütte bestimmt abgerissen.

Erst 1995 kam nach einer Renovierung eine neue Nutzung zustande. Die Kultur zog an dem Ort ein und lockt seitdem Menschen dorthin, wo früher Aussätzige isoliert wurden. Zunächst war es die erste Bühne des Theaters Laboratorium, eines Figurentheaters der besonderen Art, später haben mehrere Akteure aus der Musik- und Literaturszene in diesem Haus ihre Heimat gefunden. Hier werden Literaturlesungen und Poetry-Slams veranstaltet. Namhafte und unentdeckte Literaten stellen dabei ihre Werke vor. Das Publikum wird direkt und wortgewaltig integriert. Auf diesen Brettern können Musiker Konzerte veranstalten, finden Club-Abende und Jazz-Sessions statt, wird dem kulturellen Aufbruch eine Bühne geboten. Obwohl klein, überschaubar und beschaulich, ist es ein Ort der Superlative. Er bietet genau die richtige Atmosphäre, um die Stimmung aufkommen zu lassen, die Kultur braucht, um ganz nah am Menschen bleiben zu können, um sein Herz, seine Seele und seinen Geist zu erreichen. Es ist eine Bühne geworden, die nicht nur die Oldenburger vereint. Auch Bekannte und Berühmte der Musik- und Literaturszene kommen gerne und immer wieder von nah und fern ins Wilhelm13 und geben ihr Bestes, ganz nah dran am Zuhörer, für nur wenig Geld und während der Jazz-Session sogar kostenfrei, aber nicht umsonst und schon gar nicht vergeblich.

Adresse Leo-Trepp-Straße 13, 26121 Oldenburg | ÖPNV Bus 306, 308, 310, Haltestelle Julius-Mosen-Platz | Öffnungszeiten bei Veranstaltungen | Tipp Im Garten des Musik- und Literaturhauses Wilhelm13 findet sich ein weiteres kreatives Zentrum, diesmal ein Zentrum der Grünkultur. Es ist der schönste urbane Garten der Stadt. Alle können hier mitmachen, mitgestalten und ihre Früchte wachsen sehen.

77 Der Nikolaihof

Die Kunst, einen Kaffee zu trinken

Der Nikolaigang verbindet zwei Gassen der Oldenburger Innenstadt. Das Nikolaiviertel an sich ist schon länger Heimat von kleineren Kunsthandwerkergeschäften. Diese Tradition hat sich bis heute auf eine schöne Art und Weise erhalten. Im Nikolaigang selbst stehen eine gute Bäckerei und beachtenswerte Mode friedlich nebeneinander. Aber der Hauptort dieser Gasse liegt an einem lichten Hof zwischen zwei Hausfassaden.

Mit magnetischer Anziehungskraft bietet »Kaffeekunst« seine Räume dem Gast an. Immer wieder kehrt man hierher zurück, und auch der Erstbesucher kann sich des Reizes nicht erwehren, zumindest dann nicht, wenn das Wetter auch noch mitspielt und den Innenhof mit wärmenden Sonnenstrahlen erfüllt. Manch ein Dauergast kommt wegen des für ihn besten Milchschaums der Stadt, ein anderer Wiederkehrer kann von den süßen Crêpes nicht lassen, der Nostalgiker kann dem Suchtfaktor des Kuchens nicht widerstehen, der da in der Glasvitrine aufs Beste imponiert wie von Omas Hand gemacht. Die eigene Oma ist es sicherlich nicht mehr, die den Kuchen Tag für Tag bereitet, aber einige ausgewählte Backfeen zaubern ihn immer frisch für die Gäste.

Platz und Ruhe für eine Auszeit bietet das Café immer wieder, je nach Wetter draußen oder drinnen. Eine gute Auswahl an Lesestoff verkürzt – oder verlängert – einem dabei den Aufenthalt, ein Gespräch kann sich entwickeln, muss es aber nicht. Während der Gaumen sich verwöhnen lässt, kann der Geist sich befreien. Das eine oder andere Werk der Kunst hilft dabei. Stress soll an diesem Ort jedenfalls nicht aufkommen, Eile weicht der Weile, Gelassenheit ist willkommen. Meist findet man an dieser Stelle den gewünschten Platz zur Einkehr, meist heißt aber nicht immer. Denn Öffnungszeiten sind immer dann, wenn die Tür offen steht. Und wenn die Backfee freihat, bleibt die Tür auch geschlossen. Wahres ist eben Rares.

Adresse Bergstraße 6, 26122 Oldenburg | **ÖPNV** Bus 306, 308, 310, Haltestelle Julius-Mosen-Platz | **Öffnungszeiten** Di–Do 11–18.30 Uhr, Fr 10–18.30 Uhr, Sa 10–18 Uhr | **Tipp** In dem altehrwürdigen Haus Ecke Im Knick und Kleine Kirchenstraße 3 war lange Zeit die traditionsreiche Bücherei Lorenz beheimatet. Heute wartet das Haus auf Sanierung.

78 Die OLs-Brauerei

Endlich wieder ein eigenes Bier

Es gibt viele interessante Getränke auf dieser Welt. Jedes Land hat sein eigenes, jede Region ihre Spezialität, jede Stadt den besten Tropfen, jede Bar ein »bartender's special«. Allein wenn man in einen gewöhnlichen Getränkemarkt hineinschaut, wird der Wandel der letzten Zeit deutlich sichtbar. Die Vielzahl der unterschiedlichsten Spezialitäten vermehrt sich von Tag zu Tag, der Platz in den Regalen wird eng.

Am auffälligsten ist dies in den norddeutschen Gefilden beim Bier. Den friesisch herben Gemütern genügt auch nur ein friesisch herbes Bier, alles andere ist Tönneff, sagt man hier. Das benachbarte Bremer Gesöff kann man gut in Australien trinken, aber bitte nicht hier. Schließlich verläuft irgendwo zwischen Oldenburg und Bremen die Grünkohl-Braunkohl-Grenze, da muss man auch nicht rüber. Nur gut, dass es inzwischen doch einige Oldenburger gibt, die diesen Sprung wagen und über die Grenzen des eigenen Landes schauen. So einer ist Josef Herzog, der sich 2010 dachte, dass es wohl an der Zeit wäre, in Oldenburg ein eigenes Bier zu kreieren. Während Franken zu den Regionen mit der höchsten Brauereidichte gehört, bildet Oldenburg in dieser Aufstellung sicherlich das Schlusslicht. Im Hinterhof des Traditionsgeschäftes »Rose am Stau« fing das Brauen an, das Experiment glückte. Das wunderbare naturbelassene, süffige Pils machte sofort Karriere. Es wurde zum Hip-Bier von Oldenburg und umzu. Mangels leistungsfähiger Abfüllanlage ließ der Nachschub auch lange auf sich warten, das gute OLs wurde zur Rarität.

Heute gibt es das OLs am Zapfhahn bei zünftiger Kost und guter Musik im historischen Fachwerkhaus auch in den Varianten Lager, Black Betty, India Pale Ale oder zu Weihnachten als Maria & Josef, danach als Grünkohl-Bier und im Frühjahr als Springbock. Eine kleinere Auswahl gibt es zudem im Siphon oder in der Kronkorkenflasche.

Adresse Rosenstraße 50–52, 26122 Oldenburg | ÖPNV fast alle Buslinien, Haltestelle Schlossplatz | Öffnungszeiten Mi–Sa 17–24 Uhr, So 16–21 Uhr | Tipp Der Wolleringhof an der Rosenstraße 48 war während des früheren Hafenbetriebes der Sitz eines Fuhrunternehmens. Pferdeköpfe an der Fassade zeugen von vergangenen Zeiten.

79_Die Pekol-Busse

Gründerzeiten des Personennahverkehrs

Hier trifft Geschichte auf Geschichten. Das Wandgemälde finanzierte eine Druckerei aus Sympathie, Graffitikünstler zeichneten es nach Originalvorlagen, die Stadt und die Straße haben nun einen Teil ihrer Geschichte wieder.

Unweit von dieser Stelle waren bis circa 2014 die Pekol-Hallen beheimatet, in denen bis zuletzt auch ein Museum mit Oldtimerbussen Platz fand. Die baufälligen Hallen und das Museum mussten einem Supermarkt weichen, die Bus-Exponate wurden in der Welt zerstreut. Aber die Geschichte blieb. Schließlich war Theodor Pekol nicht nur für den Oldenburger Nahverkehr von Bedeutung, er setzte deutschlandweit Maßstäbe und reformierte mehrfach den Personennahverkehr. In Oldenburg setzte Pekol schon 1936 Elektrobusse mit Oberleitung ein, sogenannte Trollis oder Oberleitungsbusse. Sie fuhren, wie auf dem Wandbild gezeigt, auf mehreren Linien quer durch die Stadt und mussten erst 1955 den flexiblen Dieselfahrzeugen weichen. Damals erschien eine Modernisierung des Oberleitungsnetzes zu teuer, die Innenstadt wurde autofrei und der Verkehr auf die umliegenden Wallanlagen verlagert. Heute werden Großversuche mit Oberleitungen an den Autobahnen durchgeführt, und die Stadt wünscht sich sicherlich diese Art der Elektromobilität wieder zurück, wo doch der Schadstoffausstoß an den Wallanlagen den Stadtvätern hohe Geldstrafen seitens der EU beschert.

Theodor Pekol war aber nicht nur ein Busfahrer, er war auch einer der größten deutschen Konstrukteure in diesem Bereich. Wichtige bauliche Neuerungen wie Entwicklung und Einführung des Heckmotors, Einzelradaufhängung und Leichtbauweisen gehen auf seine Ideen zurück und sind bis heute aus der Bustechnik nicht wegzudenken. Seinerzeit rühmte man sich zu Recht, den ersten Bus entwickelt zu haben, der mehr transportieren konnte, als er selbst wog. Die Marke Setra steht für selbsttragend und zeugt heute noch davon.

Adresse Alexanderstraße 201, 26121 Oldenburg | **ÖPNV** Bus 302, 313, 329, Haltestelle Schulweg | **Öffnungszeiten** von außen immer zu besichtigen | **Tipp** Im Haus nebenan hat der Bürgerfelder Turnerbund seine Aktionsstätte. Das historische Gebäude ist Wahrzeichen einer langen Tradition der Turnkunst in Oldenburg.

80_Der Pferdemarkt

Die Vielfalt findet ihren Platz

Der Pferdemarkt mit seiner namensgebenden Funktion als Marktplatz und Verkaufsplatz für die Oldenburger Pferde wird bereits im 17. Jahrhundert als stadtbedeutend erwähnt. Alle umgebenden Gebäude wurden früher militärisch genutzt, so auch das Gebäude an der Stirnseite des Platzes. Mit seinem repräsentativen Balkon war es früher eine Militärschule, danach allerdings das Parlament des Landtages, später ein Säuglingsheim und eine Schule für behinderte Kinder.

In seinem schönsten Glanz erscheint es aber erst in seiner jetzigen Funktion als Standesamt. Täglich, vor allem samstags, geben sich dort Paare das Jawort. Dann stehen auf der Straße weiß gedeckte Stehtische, elegante Gäste und Sektgläser bereit für den Empfang des hohen Paares. Und ganz Oldenburg schaut dabei zu. Während sich auf dem Platz das Marktleben tummelt, die Marktwaren vom Verkäufer zum Käufer wechseln und Marktbeschicker ihre Ware mal laut, mal leise anpreisen, finden am Rande des Marktes Hochzeitszeremonien statt.

Nicht selten zieht das Brautpaar sofort im Anschluss über den Markt, mischt sich unter die Mitmenschen, taucht ein in die wunderbare Blumenpracht, genießt einen Kaffee an einem der angesagten Kaffeestände des Marktes. Dann ist es der schönste Platz der Stadt und vielleicht der schönste Markt der Welt.

An welchem Stand die schönsten Blumen blühen, wo das frischeste Gemüse, der leckerste Fisch zu bekommen ist, das muss jeder selbst entscheiden. Überall wird beste Ware für jeden Gusto angeboten, ob vom Bio- oder Hühnerhof, ob aus dem Ammerland oder dem Orient, von der Nordsee oder vom Mittelmeer, die Wahl fällt schwer. Da ist der Plausch am Kaffeestand erholsam, aber auch hier muss man sich entscheiden. Entweder schnell am alten Feuerwehrwagen oder bei Giuseppe, wo die Schlange oft sehr lang ist, was das Warten auf den Kaffee oftmals sehr unterhaltsam macht.

Adresse Pferdemarkt, 26121 Oldenburg | ÖPNV Bus 301, 302, 304, Haltestelle Pferdemarkt | Öffnungszeiten Di, Do 7–13.30 Uhr, Sa 7–14 Uhr | Tipp Den alten Kasernengebäuden (Pferdemarkt 15–16) wurde neues Leben eingehaucht. In dem gelben ist die Landesbibliothek mit einem lichten Lesesaal offen zugänglich, in der roten Kaserne wohnen Studenten. Während in den Kellern Restaurants die Gäste bewirten, steht im alten Hof und Garten das Alte Arresthaus und erinnert leise an vergangene Geschichte.

81_Die Postkartendruckerei

Die erste Ansichtskarte der Welt

Der Schloßplatz war schon immer eine gute Adresse. Hier siedelten sich bereits in der Regentenzeit Kaufleute und Handwerker an, die ihre Dienste dem Hof zur Verfügung stellten, ihre Qualität und Zuverlässigkeit stets bewiesen und so zu Hoflieferanten wurden. Die ganze Häuserzeile kann auf diese Geschichte zurückblicken.

Das Haus Nummer 16 wurde schon 1592 erbaut und spielt im Wettlauf um das älteste Haus der Stadt an der Spitze mit. Es wurde mit vielen und wohl auch zu vielen öffentlichen Geldern saniert und dient Oldenburgern und Besuchern derzeit nicht nur als Touristeninformation, sondern auch als Kommunikationsplattform zwischen Öffentlichkeit, Forschung und Wirtschaft. Als »Schlaues Haus« verspricht es mehr, als es halten kann, und geriet daher schon oft in die Kritik. Innovationen entstanden aber immer schon dort, wo freier Geist auf handwerkliche Fähigkeiten und wirtschaftliches Kapital traf. Dafür war der Schloßplatz der richtige Ort.

Im Haus Nummer 21/22 waren schon um 1800 eine Buchhandlung und auch eine Hofdruckerei ansässig. Am 6. Juni 1870 unterschrieb Otto von Bismarck eine »Verordnung zur Einführung der Correspondenzkarte« und führte so die Postkarte zum 1. Juli 1870 offiziell ein. Sie diente ab da dem Versand von offenen Mitteilungen. Schon zwei Wochen später, am 16. Juli, druckte August Schwartz in seiner Hofdruckerei eine bebilderte Postkarte, beschrieb sie und schickte sie an seine Schwiegereltern in Magdeburg. Die Karte trug ein kleines militaristisches Bildchen, das einen Artilleriesoldaten an seiner Kanone zeigte, ein wohlüberlegtes Motiv zur Zeit der Mobilmachung für den Deutsch-Französischen Krieg. Ein ungewöhnlicher rechteckiger Poststempel bezeugt die Echtheit der Karte. So entstand aus der Postkarte die Ansichtskarte. 1875 druckte August Schwartz Ansichtskarten in Auflagen von 25 Stück und wurde zum ersten kommerziellen Ansichtskartenverleger überhaupt.

Adresse Schloßplatz 21, 26122 Oldenburg | **ÖPNV** Bus 310, 314, 318, Haltestelle Pulverturm | **Öffnungszeiten** von außen immer zu besichtigen | **Tipp** Das »Café Leutbecher« ist zwar keine Hofkonditorei, seine süße Tradition währt aber schon seit 125 Jahren. Es ist eines der selten gewordenen Cafés mit Backspezialitäten aus eigener Herzensstube und Kaffee aus Kännchen.

82 Das »Repair Café«

Recyceln und Upcyceln sind nichts dagegen

»Reparieren ist besser als Recyceln. Reparieren lehrt Konstruieren. Reparieren verbindet Menschen und Dinge.« Das sind nur drei einfache Sätze aus dem Reparaturmanifest des »Repair Café Oldenburg«.

Wer kennt das nicht, und wer hat sich nicht schon selbst darüber geärgert, dass das gute Lieblingsstück mit Kabel dran genau einen Monat nach Ablauf der Garantie seinen Dienst verweigert? Geplante Obsoleszenz nennen es die einen, so etwas gebe es nicht, sagen die anderen. Aber auch Opas Fahrrad ist zu schade für den Müll, und ein T-Shirt wegzuwerfen, nur weil eine Naht nicht mehr hält, das hält doch keiner wirklich aus. Weg von der Wegwerfgesellschaft, hin zum selbstbestimmten Nutzen, zur Nachhaltigkeit. Das »Repair Café« bietet die Basis hierfür, die Repair-Expertin das Wissen, der Repair-Gast die Eigenarbeit.

Kostenlos und auf ehrenamtlicher Basis wird hier nahezu alles repariert, was dem Menschen am Herzen liegt. Voraussetzung ist nur der Gedanke der Eigenreparatur. Selbst ist der Mensch. Er ist aber nicht allein. Unterstützung und Hilfe sind eine Selbstverständlichkeit und keine Schande. Der soziale Nutzen dieser Idee ist möglicherweise sogar noch höher als ihr finanzieller oder ökologischer Wert. Reparieren bringt Menschen in Kontakt, es erweckt verlorene Fähigkeiten wieder oder lässt diese erst entstehen, es führt zu einer Steigerung des Selbstwertgefühls. Der Sieg über Obsoleszenz, über die allgegenwärtige Veralterung des Lebens, ist ein Sieg über Frust, über Resignation, über Depression.

Derzeit findet das »Repair Café« im Kunstforum der Werkschule im Bahnhofsviertel statt. Das Forum ist ebenfalls eine beachtenswerte Plattform für kreativ Ambitionierte. Hier verbinden sich Kunst, Künstler und sozialer Geist zu einer ideenvollen Einheit mit gesellschaftsbezogenem Anspruch. Regelmäßige Ausstellungen präsentieren dabei Wirkungsbereiche und künstlerische Arbeit.

Adresse Rosenstraße 41, 26122 Oldenburg | **ÖPNV** fast alle Buslinien, Haltestelle Lappan | **Öffnungszeiten** fast jeden 1. Sa im Monat 14–18 Uhr | **Tipp** Das Bahnhofsviertel, das früher dem Hafenhandel diente, entwickelt sich langsam, aber sicher zum Kulturviertel. Es erstreckt sich von hier bis hinter die Klävemannstraße. Dort finden Sie eine der Kulturstätten, die sich schon vor Jahrzehnten der freien Theaterkunst verschrieben hat, das theater wrede.

83 Die Roll-Klapp-Brücke

Weg frei für Schiff und Bahn

Diese Brücke ist eines der eindrucksvollsten Bauwerke in Oldenburg. Nicht nur Eisenbahnfreunde oder Ingenieure haben an dieser Stelle ihren Spaß bei der Flussüberquerung. Das massige Bauwerk beeindruckt auch den einfachen Passanten.

Zur vollen Pracht gelangt die Brücke erst in Aktion. Einmal pro Stunde öffnet sie sich und gibt den Weg für den Schiffsverkehr frei. Danach schließt sie sich wieder, um Personen- und Güterzügen freie Fahrt zu gewähren. Man kann das Schauspiel aus der Entfernung vom Stau am Oldenburger Stadthafen oder ganz aus der Nähe betrachten. Beide Blickpunkte haben ihren Reiz. Von Weitem erscheint die Brücke wie eine Riesengestalt, die freundlich ihre Arme zum Willkommensgruß in den Himmel hebt. Von Nahem imponiert die Mechanik des Bauwerks und erfüllt einen mit Ehrfurcht.

Diese Roll-Klapp-Brücke ist die größte ihrer Bauart in Europa. Ihre zwei Hebearme sind jeweils fast 30 Meter lang und wiegen über 150 Tonnen. Die Gegengewichte bringen noch mal jeweils 500 Tonnen auf die Waage. Diese zwei kolossalen Brückenarme bewegen sich auf einer Zahnradschiene auf und ab. Die untere Zahnradschiene ist waagerecht und eben verbaut und bildet die Lauffläche, auf der die obere, gebogene Schiene des Brückenarms Zahn für Zahn entlanggleitet. So entsteht ein bewegliches Drehlager, das nach seinem Konstrukteur »Scherzer-Drehlager« genannt wird. Es kann extrem hohe Gewichte tragen und sichert so die Beweglichkeit der gewichtsausbalancierten Brückenarme.

Über 50 Jahre lang haben Elektromotoren, Zahnradgetriebe und Hubstangen für die Kraftübertragung gesorgt, 2002 wurde eine hydraulische Technik eingesetzt. Seit 1982 kommt eine trennbare Stromführung zum Einsatz. Wenn diese einmal hakt und den Dienst versagt, dann geht nichts mehr über die Hunte, und der gesamte Zugverkehr im Weser-Ems-Gebiet ist vom Rest des Schienennetzes abgeschnitten.

Adresse Stau 143, 26122 Oldenburg | **ÖPNV** fast alle Buslinien, Haltestelle Hauptbahnhof Süd | **Tipp** Die Hebezeiten der Brücke sind abhängig vom Zugverkehr, doch das Warten auf das Schauspiel lohnt sich. Falls Sie dennoch die Geduld verlieren, erreichen Sie über den kleinen Fußweg alte Arbeiterwohngebiete von Osternburg. Die Siedlung an der Breslauer Straße steht unter Denkmalschutz.

84_Der Rosengarten

Die Welt der Farben und Düfte

Inmitten der prachtvollen Gartenanlagen des Oldenburger Schlossgartens befindet sich ein ganz besonderer Ort, an dem man jeden Tag, zu jeder Tageszeit und bei jedem Wetter seine Mitte finden kann. Umsäumt von alten Bäumen, geschützt von roten Mauern und umgeben von Gebäuden des Schlossgartens kann man Platz finden auf einer der vielen Bänke. Steinmauern speichern die Wärme des Tages und geben sie am Abend wieder ab. Die Rosenpflanzen betören mit ihren Farben und Düften und verleihen dem Garten seinen verdienten Namen. Man versinkt im Rosenmeer, die Gebäude erscheinen wie weit entfernte Schiffe an der Horizontlinie des Blütenmeeres.

Der Schlossgarten blickt auf eine über 200-jährige Geschichte zurück und zählt heute zu den wichtigsten historischen Parkanlagen in Deutschland. Im Laufe des langen Bestehens seit seiner Gründung durch Herzog Peter Friedrich Ludwig wurde er nur wenig verändert. So kann man ihn heute noch nahezu so erleben, wie er auch auf seine Initiatoren wirkte. Der Rosengarten als Teil des Schlossgartens war früher ein Obstgarten, in dem viele verschiedene Obstsorten wie Aprikosen und Pfirsiche und auch Wein kultiviert wurden. Heute stehen diese Raritäten innerhalb der Steinmauer in dem Küchengarten, der ehemals die Hofküche mit feinsten Kräutern und Gemüsesorten versorgte. Der Küchengarten ist nur zu besonderen Veranstaltungen zugänglich, das Tropenhaus dagegen bietet nahezu jederzeit Einlass und entführt Sie mit seinen Kakteen und kubanischen Pfeiffröschen in ferne Welten.

Wenn Sie aber nur Ruhe suchen oder eine kurze Auszeit brauchen, dann bleiben Sie einfach auf einer der weißen Bänke sitzen, lassen den Blick über die Rosenblüten schweifen, lauschen dem Wind in den Blättern der Bäume oder blättern selbst in den Seiten eines der Bücher, die in dem Leihbuchkasten neben dem Lesepavillon auf Sie warten.

Adresse Gartenstraße 37, 26122 Oldenburg | ÖPNV Bus 301, 314, 322, Haltestelle Bismarckstraße | Öffnungszeiten Mo–So 8–20 Uhr (Okt.–März bis Einbruch der Dunkelheit) | Tipp Mehrmals im Jahr gibt es die Gelegenheit, bei Stauden-, Rosen- oder Hortensientagen das Innere des Küchengartens zu betreten. Diese Gelegenheit sollten Sie nicht verpassen. Wie in einem alten Klostergarten werden Sie durch den Zauber der Nutzgartenkultur imaginär in alte Zeiten und Welten versetzt.

85 Das »Safran«

Als wäre man im Orient

Der Safran ist eine Krokusart, eine blauviolette Blüte, die auf den ersten Blick eher unscheinbar aussieht, und wäre sie bei uns allgegenwärtig, so würden die meisten sie am Wegesrand einfach übersehen und sich selbst überlassen. Sein Ursprung liegt im Orient, in den sagenumwobenen Ländern der 1001 Nächte. Seine Farbe, sein Duft, sein Geschmack und auch seine Heilkräfte zogen schon Zeus und Homer in ihren Bann und betörten später die Römer, die sich Safranfäden auf ihre Hochzeitsbetten streuten. Nahezu jeden Preis zahlte man für die Blütenstängel, Fälscher wurden mit dem Tode bestraft.

Das Restaurant »Safran« ist da der Pflanze ganz ähnlich. Auf den ersten Blick nur unscheinbar, und wäre man nicht aufmerksam unterwegs, würde man die Eingangstür am Wegesrand einfach übersehen. Safrangelbe Farbtöne vermischen sich mit blauvioletten Akzenten wie auf einem Safranfeld. Der erste Blick genügt nicht, um in seine Nähe zu treten, der Duft lockt einen hinein.

Auch das »Safran« hat seinen Ursprung im Orient, Faroogh stammt aus Persien. Dort liegen die Wurzeln des Safrans und die Geheimnisse seiner Kunst. Faroogh ist ein Künstler, auch an der Leinwand, aber vor allem kommt seine Kunst in der Küche zu größter Entfaltung. Die Speisekarte ist lang, die Vielfalt groß, die Namen variieren zwischen Bekanntem und Exotischem. Dabei benötigt man die Karte nicht. Es genügt, wenn man seinem Auge, der eigenen Nase und vor allem Faroogh Vertrauen schenkt, sich inspirieren lässt von der Auswahl, dem Hinweis, der Intuition. Dann werden Safranreis mit Ratatouille und La Bouche auch für Veganer zum Gedicht, und Chelo Khorescht oder Ghorme Sabsie entführen den Lammliebhaber in ferne Welten. Varianten an Pestos und Cremes in unterschiedlichsten Farben und Schärfen runden das Gericht ab, und ein Früchtetee mit Koriander, Zimt oder Ingwer sorgt für das innere Gleichgewicht der Sinne.

Adresse Mottenstraße 19, 26122 Oldenburg | ÖPNV fast alle Buslinien, Haltestelle Lappan | Öffnungszeiten Mo, Di 11.30–1 Uhr, Mi–Sa 11.30–5 Uhr, So und feiertags 12–1 Uhr | Tipp »Unsere menschliche Vielfalt braucht viele Gesichter«. So betitelt ist eine Sammlung von in Granit gehauenen Gesichtern und Fratzen, die den kleinen Platz am Abraham säumen. Zu erreichen sind sie über einen schmalen Durchgang in Verlängerung der Mottenstraße.

86 Das »Sapori d'Italia«

Neapel und seine Inseln zum Greifen nah

In einer zentralen, aber kleinen Gasse, die die meisten Oldenburger nur zum Durchlaufen nutzen, ist vor wenigen Jahren dieses kleine, aber feine Lokal entstanden. Ohne viel Tamtam, unauffällig und unscheinbar bietet es seinen Gästen nur eine Handvoll Plätze an. Draußen stehen meist nur vereinzelte Tische, innen kommen noch einige weitere hinzu. Alle zumeist mit rot-grün-weißen Deckchen versehen, den Farben Italiens.

Aber nicht nur die Farben laden zu einem Kurzurlaub ein, auch der Name hält, was er verspricht. »Sapori d'Italia«, die Düfte Italiens, werden einem versprochen und kredenzt. Allein die Auswahl am kleinen Tresen versetzt die Sinne schon in einen Rausch. Eine Vielfalt an unterschiedlichsten Gebäckteilchen, Köstlichkeiten, Süßigkeiten, ebenso wie eine Vielzahl an Dolci und Pasticcini betört schon beim Anblick. Da kann man noch so eisernen Willens sein und noch so viele gute Vorsätze mitgebracht haben – schwach wird man dennoch. Ob es im Einzelfall die Occhio di Bue al cioccolato oder all'albicocca oder die Sfogliatelle al limone sind, ist für den Moment nicht wichtig. Der Duft Italiens übernimmt die Kontrolle über die friesisch herben Ideale.

Inhaberin Bettina Maria Monje lächelt dazu nur sanft. Sie weiß um die Zauberkraft ihrer Schätze. Diese stammen fast allesamt aus Familienproduktion, aus ihrer Heimatregion, aus Neapel und der Umgebung des Golfo di Napoli. Die weltbesten Sfogliatelle gibt es in Neapel und auf Ischia und eben bei »Sapori d'Italia«. Dort werden sie nämlich direkt hingebracht. Frau Monje ist selbst alle zwei Monate auf Einkaufstour im Süden, und das riecht und schmeckt man.

Falls der Hunger nach der Kostprobe doch noch etwas größer geworden ist, dann wartet schon das stets frische Mittagsgericht auf den Gast. Gute Pasta, reife Tomaten, eine Handvoll Kräuter, mehr braucht man nicht zum Glück Italiens.

Adresse Kurwickstraße 1, 26122 Oldenburg | ÖPNV fast alle Buslinien, Haltestelle Lappan | Öffnungszeiten Mo–Sa 9–20 Uhr | Tipp Die Hof-Apotheke an der Ecke gehört zu den allerältesten der Stadt. Ihr erster Apotheker diente schon 1609 am Hof, das Gebäude datiert auf 1677 und ist eines der schönsten Bürgerhäuser Oldenburgs.

87 Die Säulen des PFL

Bücherwürmer auf dem Zauberberg

Das Peter-Friedrich-Ludwigs-Hospital, von allen PFL genannt, ist aus dem Stadtbild nicht wegzudenken. Viele Bilder skizzieren die markante Säulenansicht des Hauptportals. Heute ist es ein Kulturzentrum, das für Vorträge, Diskussionen und andere Veranstaltungen genutzt wird. Die Stadtbücherei zieht hier ihre jungen und alten Besucher in den Lesebann. Dieser erreicht seinen Höhepunkt im Herbst, wenn alljährlich die KIBUM im PFL ihre Tore öffnet. Dann strömen große Mengen kleiner Menschen von überallher unter die Säulen des Hauses. Das würde Peter Friedrich Ludwig bestimmt freuen, wo er doch schon 1792 die erste »herzogliche öffentliche Bibliothek« gründete.

KIBUM steht für Kinderbuchmesse. Sie ist seit 1974 die größte nicht kommerzielle Messe dieser Art in Deutschland. Über 2.000 neue und neu erschienene Titel werden Jahr für Jahr präsentiert. Lesungen und Ehrungen finden statt, sogar Günter Grass hat schon Preise an ambitionierte Grundschüler verliehen. Die jungen Leser können selbst stöbern und lesen, und die noch jüngeren können sich von den älteren alles Mögliche vorlesen lassen. Bücherwurm trifft Leseratte. Aber was hat das alles mit einem Hospital zu tun?

Peter Friedrich Ludwig erkannte schon zu seinen Lebzeiten die Notwendigkeit einer guten medizinischen Versorgung und gründete seinerzeit einen Krankenhausfonds, dessen Mittel aber erst zehn Jahre später den Bau ermöglichten. Das PFL-Hospital eröffnete 1841 und war bis 1984 das Hauptkrankenhaus der Stadt. Anschließend wurde hier das erste Krankenhausmuseum der Welt eröffnet, aber leider kurze Zeit später aufgrund fehlender Mittel wieder geschlossen. Die letzten Zeitzeugen der Heilungstätigkeit sind heute die einzigartigen Fahrradunterstände im Hof. Sie dienten früher Lungenkranken als Freiluftheilanstalt. Die Kranken lagen tags und nachts im Freien und atmeten die heilende Luft. Das PFL ist der alte und neue Zauberberg von Oldenburg.

Adresse Peterstraße 3, 26121 Oldenburg | ÖPNV Bus 306, 308, 310, Haltestelle Julius-Mosen-Platz | Öffnungszeiten zu üblichen Tageszeiten und bei Veranstaltungen, von außen immer zu besichtigen | Tipp Das Edith-Russ-Haus in der Katharinenstraße 23 ist ein innovatives museales Haus für Medienkunst. Die Auseinandersetzung der Kunst mit und in den Medien und umgekehrt bilden die Schwerpunkte der Arbeit, der Präsentation und Kommunikation in diesem Haus und machen es einzigartig im norddeutschen Raum.

88_Die Schleusenstraße

Trockenen Fußes auf vergangenen Wasserstraßen

So eine breite Straße kennt man eigentlich nur aus Städten, die in den Blütezeiten des Autoverkehrs geplant wurden. Aber hier steht man nicht zwischen viel befahrenen Fahrspuren, sondern zwischen oasenhaften Grünstreifen mit Wegen, Bänken und Skulpturen. Wie kommt es dazu, dass mitten in einem Wohngebiet der Extraklasse so viel Platz ist und nach wie vor bleibt? Warum gibt es hier eine lang gezogene Parkanlage? Warum können hier Kinder Verstecken spielen, ihre Eltern zur Ruhe kommen und ihre Großeltern in Erinnerungen schwelgen? Hier könnte man doch mindestens noch eine ganze Häuserzeile bauen, das Zauberwort der Stadtplaner von heute heißt schließlich Verdichtung. Warum nicht hier?

Des Rätsels Lösung steht direkt auf dem Straßenschild, steckt im Straßennamen. »Schleusenstraße« steht darauf, aber von Schleusen gibt es keine Spur. Heute nicht mehr, aber bis 1927 befand sich dort, wo heute der Rasenstreifen verläuft, der Wasserlauf des alten Hunte-Ems-Kanals mit einer Schleuse etwa an der Brücke zum Schlossgarten. Es war nicht die einzige Schleuse des alten Kanals. Insgesamt brauchte er ganze neun Schleusen. Damit war der Handelsweg ein mühsamer, die Schiffe und Schiffer benötigten viel Zeit für die Passage, der Bedarf war höher als die Kapazität.

Auch wenn hier die Geschäfte bis 1927 florierten, ein Torfplatz und Torfschuppen dort standen und Torfkähne und -kräne das nötige Brennmaterial aus den Moorgebieten in die Stadtgebiete brachten, war dieser Wasserweg auf lange Sicht nicht konkurrenzfähig. 1921 begann man mit dem Bau des Küstenkanals, 1929 wurde der alte Hunte-Ems-Kanal endgültig zugeschüttet.

Während sich heute manch ein Investor darüber ärgert, freuen sich die Anwohner und Passanten täglich über den Pfusch beim Zuschütten des Kanals. Dank des zu weichen Untergrundes ist nämlich jede weitergehende Bebauung bislang nicht möglich. Pfuschern sei Dank.

Adresse Schleusenstraße, 26135 Oldenburg | ÖPNV Bus 270, 280, 289, Haltestelle Staatsarchiv/Museum | Öffnungszeiten von außen immer zu besichtigen | Tipp Die kleine Brücke am Ende der Straße führt Sie direkt in den Schlosspark. Die Brücke ist ein beliebtes Fotomotiv, nicht nur bei Brautpaaren.

89_Der Schlossturm

Einer der schiefen Türme von Oldenburg

Das Oldenburger Schloss ist von weit her sichtbar. Es steht zentral an der Kreuzung der Durchgangsstraßen der Stadt. Wenn man sich Oldenburg aus östlicher Richtung nähert, imponiert die Schlosssilhouette schon von der Cäcilienbrücke aus.

Die Vorläufer des Schlosses datieren auf die Jahre um 1100 im tiefsten Mittelalter. Damals wurde die Burg zur Kontrolle einer Freihandelsstraße von Westfalen nach Ostfriesland angelegt. Die Handelswege führten mitten durch das heutige Schlossgelände. Erst später diente das Schloss repräsentativen Zielen und wandelte sich vom Zweck- zum Prunkbau. Italienreisen beflügelten den bis heute allgegenwärtigen Graf Anton Günther zur Umgestaltung, und so wurde die alte Burg zum richtigen Schloss. Es musste nützlich, aber vor allem hübsch sein, schließlich war Oldenburg eine Stadt von Welt, und die Grafen unterhielten internationale Beziehungen. Da musste auch ein Turm her. Nicht unbedingt wehrhaft musste er sein, Hauptsache, schön.

Und so konstruierte der italienische Architekt Andrea Spezza um 1610 den Schlossturm. Dieser für norddeutsche Verhältnisse in ungewohnt offener Holzbauweise erbaute Turm steht seitdem an seinem Platz, thront über der Stadt und neigt sich ihr zu. Auch wenn Andrea Spezza im Herzen ein Norditaliener war, so hat er sich sicherlich nicht an dem schiefen Turm von Pisa orientiert. Die Neigung des Schlossturms ist auch gering und nur dann sichtbar, wenn man die Fluchtlinien genau verfolgt. Aber eines Blickes ist er trotzdem würdig. Nicht nur der Blick von außen, auch der von innen lohnt sich.

Besonders spannend ist es, wenn im Schloss Fotografie-Ausstellungen stattfinden. Dann ist der Schlossturm oft in die Ausstellung eingebunden, und man kann bis in die obersten Räume vordringen und dort nicht nur die Fotokunst bewundern, sondern auch den schönsten Blick auf die Innenstadt erhaschen.

Adresse Schloßplatz, 26122 Oldenburg | **ÖPNV** Bus 310, 314, 318, Haltestelle Pulverturm | **Öffnungszeiten** Di–So 10–18 Uhr | **Tipp** Die Anna-Thye-Buchhandlung direkt am Schloßplatz hat eine lange Tradition. Diese hat sie sich bis heute bewahrt. Der Zeitgeist scheint an ihr vorbeigegangen zu sein, oder zumindest wurde er in eigene Räume des Zweitausendeins verlegt.

90 Die seelige Kulturlounge

Über den Schlössern der Stadt

Das Gebäude verspricht nicht allzu viel. Mitten in einem klassischen Shoppingcenter, wie sie in fast jeder größeren Stadt Europas stehen, befindet sich irgendwo in den oberen Stockwerken das »Seelig«. Der Zugang ist gar nicht so einfach zu finden. Entweder von der Hochgarage aus oder über den Hinterausgang eines Buchladens oder über ein breites, nüchternes Treppenhaus in bestem Betonstil kommt man durch eine der schweren Türen ins »Seelig«.

Der Innenraum passt zum Aufgang. Beton reiht sich an Beton, schmucklos und nüchtern wirken die Decken und Wände. Und doch hat das »Seelig« einen modernen Charme. Lange Holztische und Bänke bieten Platz für Gruppen. Sessel und Kleintische schaffen separierte Bereiche für einen Kaffee zu zweit. Die Bezeichnung Lounge passt durchaus dazu, wie sich das »Seelig« gibt, Kulturlounge vielleicht auch. Da fragt man sich, woher der Name kommt, wirklich von Kultur oder eher von kultig? Beides stimmt irgendwie. Hier findet durchaus Kultur statt. Nicht unbedingt die freie Szene jenseits des Mainstreams ist hier zu Hause, es ist eher der Platz für die kommerzialisierte Kleinkunst.

So bietet das »Seelig« Raum für Privat-TV-Produktionen, in denen die guten Küchen der Region gehypt werden. Es stellt sich als Veranstalter von bizarren Partys der Stadt dar, auf denen mehr Sekt als Selters gehalten und getrunken wird. Es gibt aber auch die Bühne frei für Veranstaltungen wie die »Komische Nacht«, bei der Comedians durch die Clubs der Stadt ziehen und das Publikum am Ort bleiben kann und immer wieder Neues zum Lachen geboten bekommt.

Aber kultig ist das »Seelig« auch. Die Küche bringt passend zum Stil der Lounge Ausgefeiltes auf den Tisch, und der Blick von der Dachterrasse auf das am Abend beleuchtete Schloss ist großartig und verspricht eine harmonische Symbiose aus Alt und Modern, aus Kult und Seele, eben ganz und gar »Seelig«.

Adresse Schloßplatz 2, 26122 Oldenburg | ÖPNV fast alle Buslinien, Haltestelle Schloßplatz | Öffnungszeiten Mo–Do 9–1 Uhr, Fr, Sa 9–3 Uhr | Tipp Der Paradewall zwischen den Fahrbahnen war einst ein Teil der Wallanlagen. Sie wurden 1791 abgetragen. So entstand eine von Ulmen gesäumte Grünanlage, die sich bis heute zumindest annähernd erhalten hat.

91 Die sieben Söhne

Graffitikunst vom Feinsten

Da schlendert man ohne weitere Vorahnung in die schmale Burgstraße hinein, wundert sich vielleicht etwas, dass nach den Sanierungsmaßnahmen der letzten Jahre eine solche geschotterte Fläche mitten in der Stadt noch erhalten geblieben ist, und wird völlig unerwartet von bunten Farben überrascht. An der Wand hinter dem Schotterplatz, eingequetscht zwischen Häusermauern, schauen sieben Gesichter den Passanten an. Freundlich, fröhlich und freudestrahlend gruppieren sich sechs Jungs um das zentrale Gesicht und bilden so einen strahlenden Stern der guten Laune, der sich förmlich explosiv entlang des radiären Rasters ausbreitet.

Man kann kaum daran vorbei, so fesselnd sind die Blicke, die einen von der Wand fixieren. Zunächst fällt es schwer, die Gesichter zuzuordnen, das Auge sucht nach einer Erklärung – und findet den Titel »Bohlens richtige Söhne«. Da wird klar, dass die zentrale Figur ohne Zweifel Dieter Bohlen in seinen besten Jahren und mit seinem besten Make-up darstellt.

Die Jungs um ihn herum können wohl nur echte Kenner der Oldenburger Graffitiszene zuordnen, sind doch die Schriftzüge künstlerisch und nicht richtig lesbar gestaltet. Die Inschrift bezeugt eine imaginäre familiäre Verbindung und verewigt in der Widmung »für Vatti …« die Namen der sechs Söhne. Wahrscheinlich sind es die Sprayer-Künstler selbst, die hier den Dieter in ihre Mitte genommen haben.

Das technisch sehr gute Graffito dürfte etwa 2004 entstanden sein, circa ein Jahr nachdem die erste Staffel von DSDS die TV-Unterhaltung revolutioniert und Dieters Sprüche persönlichkeitsverletzende Kommentare gesellschaftsfähig gemacht haben.

Dieter Bohlen ist in Oldenburg geboren, so ist er auch ein Sohn der Stadt. Zwar bekennt sich weder Oldenburg richtig zu Bohlen noch Bohlen sich öffentlich zu Oldenburg. Hier ist er aber mitten unter uns und sorgt wie immer für erhitzte Gemüter.

Adresse Burgstraße 22, 26122 Oldenburg | ÖPNV Bus 306, 308, 310, Haltestelle Julius-Mosen-Platz C | Tipp Wenn Sie richtig alte Druckmaschinen und echte Druckkunst erleben wollen, dann fragen Sie am besten in dem Eckhaus Burgstraße / Haarenstraße, ob man Ihnen einen Einblick in die Handarbeit der verlagseigenen Druckerei des Hauses Isensee gewährt.

92 Das Spitzenkleidchencafé

So werden Kleider zum Genuss

In den kleinen Nebenstraßen der Oldenburger Innenstadt findet man nicht jedes Kleinod gleich auf Anhieb. Aber wenn man nicht mit völlig starrem Blick durch die Gassen der Stadt schlendert, dann kann man an diesem Ort nicht einfach so vorbeisausen. Im Prinzip ist es nur ein schmales Schaufenster, etwas eingequetscht zwischen den Häusermauern. Oft steht aber draußen schon ein Tisch mit einladenden Stühlen oder gar ein Sofa auf der Straße und lädt zu einer Pause ein. Geschmackvolle Deko oder ein künstlerisches Bildmotiv ergänzt es zu einem stimmigen Gesamtbild, und schon kann man sich dem Moment nicht verwehren, bleibt davor stehen, betrachtet und traut sich hinein durch die stets offene Tür von »Kaffee & Kleid«.

Darin breitet sich der Zauber weiter aus und zieht den eintretenden Neuling in seinen freundlichen Bann. Der Besucher fühlt sich sofort willkommen und eingeladen zum Plausch im Rausch. Unaufdringlich präsentiert sich die Vielfalt der ausgesuchten modischen Kleider, Schuhe und Accessoires. Hier steht was, dort hängt etwas, drüben liegt ein gutes Stück wie zufällig hingeworfen in absoluter Perfektion. Alles fügt sich zusammen, passt zueinander, strahlt Harmonie aus. Das Kleid auf dem antiken Holzbügel, der Schuh unter dem Stuhl, der Lederhandschuh auf einem alten Telefon zeugen von gutem Geschmack. Und wenn das Auge mal Pause und der Kopf frischen Geist braucht, dann kann man die anderen Sinne die Führung übernehmen lassen: Der Duft frischen Kaffees geleitet den Gast wie von selbst zu der Holztheke, an der sich unter Glashauben der frische selbst gebackene Kuchen in den Sorten der Jahreszeit unaufdringlich, aber selbstbewusst präsentiert.

Nehmen Sie sich die Zeit und nehmen Sie Platz auf einem der alten Sofas oder Stühle zwischen den kostbaren Stoffen oder in der Bauerndiele der oberen Etage und lassen Sie sich entführen in die Welt von »Kaffee & Kleid«.

Adresse Kurwickstraße 6, 26122 Oldenburg | **ÖPNV** Bus 306, 308, 310, Haltestelle Julius-Mosen-Platz | **Öffnungszeiten** Mo–Fr 10–18.30 Uhr, Sa 10–18 Uhr | **Tipp** In der Kurwickstraße 23 lebte und praktizierte Dr. Wilhelm Schüßler, für viele einer der Begründer der Homöopathie. Eine Wandtafel erinnert an dieser Stelle an ihn, während in allen Apotheken seine berühmten Salze angeboten werden.

93 Die strahlende Rotunde

Immer für eine Überraschung gut

Jede Stadt hat ihre Hauptkirche. In Oldenburg war dies schon immer die Lambertikirche. Bereits im hohen Mittelalter wurde von dieser Stelle aus die Stadt geistig gelenkt. Man kann viel zur Geschichte dieser Kirche schreiben und noch mehr Geschichten dazu erzählen. Das lässt aber sowohl den Touristen als auch den Stadtbürger meist kalt und unberührt.

Mit ihren Ziegeln, schmalen, hohen Fenstern an den Seiten und ihren Türmen sieht die Lambertikirche nahezu aus wie jede andere Kirche auch. Da muss man schon einen wirklichen Anlass haben, um die Hand an die Türklinke des Hauptportals zu legen. Für den einen ist es die Hochzeit von Freunden, für den anderen die Trauerandacht für einen wahren Oldenbürger, für noch einen anderen ist es nur ein heftiger Regenschauer, der ihn den Schutz im Kirchenraum suchen lässt.

Dann öffnet man die Türen, geht den ersten gelangweilten Schritt hinein, und schon bald wird die Aufmerksamkeit wachgerüttelt. Hier stimmt was nicht, hier ist irgendetwas anders als erwartet. Die Backsteinmauern lassen doch eine neugotische Hallenkirche erwarten, innen genauso dunkel und düster wie außen. Man steht aber plötzlich mitten in einem hellen, weißen, strahlenden Rundbau. Eine Rotunde öffnet einem die Tore, der Besucher fühlt sich sogleich in ihrem Zentrum. Inmitten der Helligkeit wird er selbst zum Mittelpunkt. Vergessen scheint die Welt der Düsternis draußen. Die Kraft des Lichts, das durch die Fenster des Kuppelbaus fallend in Strahlen den Kirchenraum umrundet wie die Zeiger einer Uhr, umfließt den Besucher und umschließt sein Herz. Die Seele wird frei, der Geist bereit.

Die Lambertikirche hat ihr Äußeres mehrfach geändert, aber der klassizistische Umbau des Innenraums von 1795, der auf Peter Friedrich Ludwig zurückgeht, macht sie zu einem Meisterwerk der Verwandlung, dessen Zauber sich keiner entziehen kann.

Adresse Markt 17, 26122 Oldenburg | ÖPNV Bus 301, 314, 318, Haltestelle Pulverturm | Öffnungszeiten Mo–Sa 11–18 Uhr | Tipp Die Ratsapotheke gegenüber dem Kirchportal ist eine der ältesten Apotheken der Stadt und Ausgangspunkt von speziellen Stadtführungen zum Thema Medizingeschichte in Oldenburg (nähere Infos in der Touristeninformation).

94_Die Talent-Brennerei

Die brennende Kunst des Korns

Früher war die Brennerei Hilbers eine der drei großen Kornbrennereien in Oldenburg. In dieser Gegend wurde die Rohware als Korn oder Kartoffel angebaut. Die Infrastruktur stimmte: Mühlen standen in der Nähe, eine Eisenbahnlinie verband den Standort mit den Häfen von Oldenburg und Brake. Das Branntweinmonopol schützte die etablierten Betriebe – die Alkoholproduktion erwirtschaftete einerseits gutes Geld, andererseits fiel dabei die eiweißhaltige Schlempe als Abfallprodukt an, das ideale Viehfutter erlaubte eine überproportionale Viehhaltung. Der dabei anfallende Dünger verbesserte die Ackerbauerträge, das viele Getreidekorn wurde zu noch mehr alkoholischem Korn, der Kreislauf war geschlossen.

Mit Ende des Branntweinmonopols kam aber das Ende des Betriebes. 2004 wurde hier der letzte Tropfen gebrannt. Ausgebrannt waren die Ideen der Familie Hilbers aber glücklicherweise nicht. Schon frühzeitig machte sich die Familie auf die Suche nach neuen Konzepten. Das schöne Fabrikensemble mit seiner uralten Kastanienallee und den großzügigen Gebäuden des ursprünglichen landwirtschaftlichen Betriebes waren wie dafür geschaffen, eine neue Kreativitätsfabrik zu erschaffen. Mit einem Kunstschmied als erstem Mieter begann das neue Zeitalter. Andere Künstler und Kunsthandwerker folgten, die Hallen wurden umgestaltet, es entstanden zahlreiche Werkräume.

Heute arbeiten hier über 30 Künstler in eigenen und gemeinsamen Ateliers, tauschen sich aus, helfen einander und ergänzen sich in vereinter Arbeit. Räume für Begegnung, Kurs- und Tanzangebote laden Teilnehmer und Gäste ein, und an jedem ersten Sonntag im Monat sind die Ateliers für Besucher geöffnet. Dann kann man bei Kaffee und Kuchen mit vielen Menschen ins Gespräch kommen, über alte Zeiten und neue Kunst sprechen, neue Werke und altes Gewerk bewundern. Und wer weiß, vielleicht hat auch jemand ein Gläschen Korn mit dabei.

Adresse Butjadinger Straße 346, 26125 Oldenburg, www.altebrennerei-hilbers.de | **ÖPNV** Bus 323, Haltestelle Ekernstraße | **Öffnungszeiten** So 15 – 18 Uhr, jeden 1. Sonntag im Monat ist »Tag der offenen Ateliers« | **Tipp** Der Etzhorner Krug ist eine Institution in der Stadt und im Stadtteil. Früher lag hier eine Zollgrenze.

95 Das »tanzTraum«

Ein Raum voller Tanzträume

Wer am Westkreuz, dort, wo der Straßenverkehr auch nachts tobt, den Blick senkt und in die Souterrainfenster des Eckhauses schaut, dem offenbart sich ein wahres Kleinod Oldenburgs. Einige wenige Stufen führen hinunter zu einer Tür, die blauregenummantelt den Eingang in eine eigene Welt bildet. An den Türen steht in goldenen Lettern die Aufschrift »tanzTraum« und verspricht eine Welt voller Tanzträume.

Ein Blick durch die Fenster genügt nicht, also los, alle Berührungsängste beiseite- und die Türen aufschieben, schon steht man mitten im Traumraum von »tanzTraum«: rote Wände mit goldenen Mustern, plüschige Sofas, schmucke Kronleuchter, Spiegel in glänzenden Rahmen sowie Tische und Tischchen, um die sich kleine Sitzgelegenheiten gruppieren. Das Interieur ist sagenhaft, märchenhaft, eben traumhaft. Man könnte meinen, man wäre an einen anderen Ort entführt, an einen Ort des großen Europa, nach Wien, Prag oder Paris, an dem Sachertorte gegessen, Konversation geübt und Kaffeehausmusik gespielt wird. Vielleicht ist man hier aber auch in der Zeit verrückt. 50 oder auch 150 Jahre könnte es zurückliegen, dass Musik gespielt wurde, die zu diesem Tanzraum passte. Grammofon und Zylinder wirken hier genauso wenig fehl am Platz wie schwarz-weiße Lackschuhe und Spitzenhandschuhe.

Die Musik, die hier am meisten gespielt wird, ist Tangomusik. Für den Tango schlägt das Herz von Elena, die dieses Kleinod geschaffen hat. Sie unterrichtet Tango Argentino und mehr. Sie ist das Herzstück ihrer kleinen, aber feinen Tangogemeinde. Keiner weiß wirklich, wie Elena es schafft, die Tanzträumer aus aller Welt, sogar aus Buenos Aires, hierherzulocken. Es muss ihr Tanztraum-Herz sein, das im Tangotakt tanzt. Denn schon die Großen des klassischen und modernen Tangos wie Maestro El Flaco Dany und Otros Aires waren in diesen kleinen Tanztraumräumen zum Träumen zu Gast.

Adresse Ofener Straße 48, 26121 Oldenburg | ÖPNV Bus 350, Haltestelle Ammerländer Heerstraße | Öffnungszeiten regelmäßige Abendveranstaltungen und Kursangebote, Bürozeiten Mo–Fr 10–12 Uhr | Tipp Die »Buchstabei« in der Ofener Straße 31 ist ein wunderbares Beispiel für die Welt der Bücher. Ein Antiquariat, wie es im Buche steht. Hier würden sich die Figuren aus »Tintenherz« und »Tintentod« wohlfühlen.

96_Das Theaterlabor

Herzensreine Zauberwelt der Figuren

Das Theater Laboratorium ist eine wahre Perle Oldenburgs. Pavel und Barbara haben in dieses Theater ihr ganzes Herzblut hineingegossen, und das spürt jeder, der hier zu Gast sein darf. Sie studierten beide »Figurentheater« und haben diese Kunst zu etwas Großartigem weiterentwickelt. Nach Tourneen durch fremde Länder wurden sie ausgerechnet in Oldenburg sesshaft und eröffneten in der alten Holzbaracke des PFL-Hospitals, dem Laboratorium, ihr Theater.

Schon bald waren die Plätze rar und die Vorstellungen ausverkauft. 2008 wurde eine nahe gelegene uralte Turnhalle auf das Liebevollste ausgebaut. Nichts wurde hier dem Zufall überlassen, oder zumindest wurde der Zufall wunderbar gelenkt. Bodenfliesen entstammen einer alten Brüsseler Hotelempfangshalle, Café-Tische dem Zürcher »Café Odeon«, die Wandtäfelungen kommen aus Dresden, die Theke vom Prenzlauer Berg. So kann sich der Gast schon im Foyer auf das einstimmen, was ihn sogleich erwartet. Figurentheater hat hier nichts mit Kasperle zu tun. Es werden anspruchsvolle Stücke auf die Bühne gebracht. Klassisches, Unbekanntes und Märchenhaftes steht Pate für die Vorstellung. Aber vor allem ziehen die Eigenproduktionen des Hauses, die oft mit einem hohen Rechercheaufwand über längere Zeit entstehen, den Zuschauer in ihren Bann.

Stille herrscht im Vorstellungsraum, jeder Klang und jedes Licht ist auf den Moment abgestimmt, jede Geste und jedes Wort wird pointiert gesetzt und wirkt doch zufällig und spielerisch, wie gerade eben entstanden. Und wenn der Moment reif ist, der Zuschauer in der Theatertrance verfangen, der Zeitpunkt der Glückseligkeit dem Höhepunkt naht und die Figur in den Händen ihres Meisters das Stück übernimmt, dann entrückt die Seele ganz entzückt in fremde Sphären des Diesseits und des Jenseits aller Grenzen, die uns umgeben. Dann wird die Theaterkunst zur Perfektion, und der große Abend wird perfekt.

Adresse Kleine Straße 8, 26121 Oldenburg | **ÖPNV** Bus 306, 308, 310, Haltestelle Julius-Mosen-Platz | **Öffnungszeiten** Mo–Fr 9.30–12.30 Uhr, Do, Fr außerdem 15–18 Uhr und ab eine Stunde vor Veranstaltungsbeginn | **Tipp** Direkt neben dem Theater Laboratorium steht die Limonadenfabrik, eine zweite Bühne des Theaters. Hier wurde »Krystalla«, echte Oldenburger Limonade, hergestellt. Jetzt wird die Tradition wiedererweckt und mit Kunst, Theater und Genuss eine wahre Freude sein.

97 Die Turnkust am Haarenufer

Turnvater Jahn lädt ein

Sie ist die schönste Turnhalle in Oldenburg. Bestimmt nicht die beste, nicht die funktionellste, nicht die größte und ganz sicher nicht die modernste. Auf jeden Fall aber ist sie die prägnanteste Turnhalle der Stadt. Ihr Erscheinungsbild schreit geradezu danach, sich dem Gebäude, dem Zweck und der Geschichte der Halle zu widmen.

Mit ihren Säulen, Arkaden, Türmen, Balkonen und Fensterbögen ist die Haarenufer-Turnhalle ein wahrer Blickfang. Vor ihrem Haupteingang steht auf einem Sockel der Turnvater Jahn als Büste und gibt acht auf die Dinge, die da über Jahrhunderte so passieren. Turnvater Jahn hat mit Oldenburg direkt zwar nichts zu tun, aber es gibt wohl kaum eine Stadt, die sich seinem Einfluss entziehen konnte. 1811 fing er an der Berliner Hasenheide mit dem öffentlichen Turnen an – nicht zum Selbstzweck, die Fitness von heute nannte man damals »Wehrerziehung«, ihr Auftrag war klar definiert. Die Zeit der Kriege dauerte weit über 100 Jahre und machte vor keinem Mann halt, und noch heute muss sich der Turnsport mit den Vorwürfen der Körperkultur und des Körperkultes der Nationalsozialisten auseinandersetzen.

1844 wurde in Oldenburg der erste Turnplatz eröffnet, 1860 der Oldenburger Turnerbund gegründet, 1891 diese Halle am Haarenufer erbaut. Im OTB hat man aber nicht nur Ertüchtigung betrieben, hier hat man schon früh Ballspiele gepflegt und unter anderem auch Basketball gespielt. Der OTB zählt zu den Gründern der Basketball-Bundesliga. Aus dieser Mannschaft gingen die Oldenburger EWE-Baskets hervor, die heute aus den Play-offs nicht wegzudenken sind. Die ersten Spiele fanden unweit von hier statt. Schnell wurden die Spielstätten zu klein, internationale Spiele und TV-Übertragungen erforderten den Neubau der zwei EWE-Arenen. Diese sind groß, modern und multifunktional. Aber in der Haarenuferhalle fing damals alles an.

Adresse Haarenufer 9, 26122 Oldenburg | ÖPNV Bus 350, Haltestelle Fachhochschule | Öffnungszeiten Einlass bei Veranstaltungen | Tipp »Café Klinge« am Theaterwall 47 genießt seit 1884 den Status einer Hof-Konditorei. Mit seinen Kuchen und Schokoladen begeistert es Jung und Alt.

98 Der ultimative Utkiek

Aus der Mülldeponie wird ein Stadtpark

An dieser Stelle fanden sich noch vor wenigen Jahrzehnten landwirtschaftliche Flächen. Weide- und Ackerland wurden genutzt, bis die Modernisierung der Gesellschaft so viel Abfall mit sich brachte, dass städtischer Handlungsbedarf entstand.

1973 wurde hier eine Deponie angelegt. Untypisch, aber bewusst haben sich die Stadtväter für eine zentrumsnahe »Müllhalde« entschieden. Viele fanden es praktisch, manche mussten dafür den Gestank und den vom Winde verwehten Unrat jahrzehntelang ertragen. Während anfangs der Abfall auf dem Altfeld nur abgelagert wurde, verbesserten sich später die Verfahren. Auf dem Neufeld wurde im Müllbunker zerkleinerter Abfall zu Hügeln gestapelt. Langfristige Planungen befristeten die Nutzung seit Langem, 2003 wurde die Deponie geschlossen. Eine Ausschreibung für die Nachnutzung folgte, das Ergebnis erfreut alle. Eine Parkanlage sollte es werden, ein Stadtpark mit Aussicht, ein Utkiek.

Die drei Müllberge wurden zu Wanderhügeln. Verschachtelte Wege führen trotz Steigungen meist barrierefrei auf die Gipfel. Der höchste von ihnen stellt mit fast 30 Metern Höhe die höchste Landmarke der Stadt und erlaubt so eine wunderbare Aussicht über die gesamte Stadtsilhouette. Von hier aus kann man die Türme der Lambertikirche von oben sehen. Rasenflächen und Bänke laden zur Pause ein. Spielgeräte, Schaukeln und Klettereinrichtungen bieten genügend Ansporn für Bewegungsspiele. Spazieren, walken, joggen im Sommer, Schlitten fahren und Schneewandern im Winter, sofern in den Oldenburger Breitengraden überhaupt Schnee fällt, machen Erholung, Spaß und Fitness zu jeder Jahreszeit möglich.

Der Utkiek blickt aber auch in die Zukunft: Eine begehbare Skulptur soll gen Himmel streben und die Aussichten noch verbessern, eine Nachnutzung für den alten Müllbunker wird aber weiterhin gesucht. Vielleicht wäre es der richtige Platz für ein Nachhaltigkeitsmuseum.

Adresse Eidechsenstraße 24b, 26133 Oldenburg | ÖPNV Bus 311, 321, Haltestelle Sandkamp | Tipp Ein Rundweg um den Utkiek entführt Sie an ruhige Stellen des Stadtgebietes und führt auch am Gelände des Reha-Zentrums vorbei, vor dem ein Kräutergarten in Form einer menschlichen Silhouette die Heilkräfte der Kräuter aus allen Regionen der Welt den verschiedenen Körperregionen zuordnet.

99 Der verbrauchte Lufthafen

Eine Startbahn im Aufwind

An dieser Stelle steht man mitten auf einem Schauplatz der Fliegereigeschichte. Bereits 1912 fanden auf diesem Gelände Schauflüge statt. Noch bis 1993 war auf dem Fliegerhorst ein Jagdbombergeschwader stationiert. Als wichtiger norddeutscher Standort der Luftwaffe fügte er sich in das Gesamtbild der zahlreichen Kasernen Oldenburgs ein. Danach folgte eine mehr als 20-jährige Phase der Diskussion um eine Nachnutzung des Areals. Viele Ideen wurden geboren und fast noch mehr verworfen.

Bis heute ist der Zutritt zu dieser Fläche nicht ganz frei, immer noch müssen Besucher Passkontrollen erdulden und Gründe für das Betreten nennen. Stadtplaner versuchten sich hier zu verwirklichen, soziale Projekte sollten Integratives leisten, Baumäzene witterten schnelles Geld. Durchgesetzt hat sich wenig. In der Saison 2010/11 hat das Staatstheater während einer Umbauphase des Haupthauses das Areal belebt, unerwarteterweise eine der besten Spielzeiten geboten und so den Fliegerhorst in den Köpfen der Oldenburger verankert.

Sichtbar geblieben ist ein nahezu größenwahnsinnig anmutender Solarpark, der in seiner Mitte eine Trennungslinie aufweist, die der Grenze des Stadtgebietes zum Landkreis Ammerland entspricht. Eine Fliegerei-Ausstellung, Schafherden auf weiten Weiden und eine Fläche für die Wagenburg bieten nahezu die einzigen Lebenszeichen. Die Wagenburg zog hier nicht freiwillig hin, sondern gezwungenermaßen, weil die Stadt den vorigen Standort an der Hafenmeile wertig sanieren wollte. Nach langem Hin und Her, Kündigungen und Zwangsmaßnahmen mussten die Wagen umziehen. Damit zog aber auch der Protest um. Hoffentlich setzt die Wagenburg noch lange Zeichen gegen städteplanerische Willkür und ermutigt die Bürger der Stadt dazu, ebenfalls für ein bürgernahes Oldenburg einzustehen. Dieser Ort braucht es. Das Areal ist kostbar, es ist ein Oldenburger »Tempelhof«.

Adresse Alexanderstraße 461, 26127 Oldenburg | ÖPNV Bus 329, 330, Haltestelle Fliegerhorst | Öffnungszeiten Das Gelände ist nicht öffentlich zugänglich, aber von außen mit Einschränkungen zu besichtigen. | Tipp Im ehemaligen Simulatorgebäude 68 ist die Ausstellung »Fliegen auf der Alexanderheide« jeden Dienstag von 9.30 – 12 Uhr zu sehen (Tel. 0441/2095533 oder 0160/6522171, www.fliegerhorst-oldenburg.de).

100 Das verlassene Parlament

Warum braucht Oldenburg einen Landtag?

Was soll der Unsinn? Das fragt man sich, wenn man in Oldenburg dauernd auf die Floskel »Land« trifft. Es gibt eine Landessparkasse zu Oldenburg, eine Oldenburgische Landesbank und jetzt auch noch den Landtag Oldenburg. Das klingt doch alles ganz schön großkotzig oder größenwahnsinnig. Dabei zeugt es gar nicht richtig von Größenwahn, vielmehr von den Resten des Großherzogtums.

Schon 1849 trat ein Staatsgrundgesetz in Kraft, das einen Landtag für das Großherzogtum vorsah, das erste gewählte Parlament Oldenburgs. Immerhin nur 50 Jahre nach der Französischen Revolution wurden in Oldenburg schon die Weichen für den Wechsel von einer Monarchie zu einer Republik gestellt. Für das Parlament, das bis dahin im heutigen Standesamt tagte, brauchte man ein repräsentatives Gebäude. 1916 konnte es eingeweiht werden, da marschierten gerade Oldenburgs Soldaten voller Inbrunst in den Ersten Weltkrieg hinein. 1928 zog die NSDAP in den Landtag ein, 1931 wurde sie dort stärkste Kraft, 1932 erreichte sie bei der Landtagswahl die absolute Mehrheit, die Pogrome begannen nun auch in Oldenburg. Seitdem steht das Landtagsgebäude an den Dobbenteichen und repräsentiert weiterhin. Es repräsentiert die Zeiten der Geburt und des Untergangs der Demokratie und mahnt nach wie vor in aller Stille.

Mit seiner Dominanz ist es unverkennbar geschichtsträchtig. Seine Geschichte liegt aber im Verborgenen. Auch wenn das Land Oldenburg von Januar bis November 1946 noch mal existierte und sein Landtag tagte, ging es anschließend in dem neu geschaffenen Land Niedersachsen auf. Offensichtlich aber nicht für alle. Für manche ging es darin nicht auf, sondern unter. So gab es 1956 und 1975 noch zwei Volksabstimmungen, in denen die Oldenburger gegen den Verbleib in Niedersachsen und für die Eigenständigkeit stimmten. Der Bundestag lehnte dies allerdings mit einem eigens dafür geschaffenen Gesetz (OldenbG, 1976) ab.

Adresse Tappenbeckstraße 1, 26122 Oldenburg | ÖPNV Bus 329, Haltestelle Rummelweg | Öffnungszeiten von außen immer zu besichtigen, Einlass nur bei Veranstaltungen | Tipp Versteckte Kunst im alten Plenarsaal: Ein Fresko mit marschierenden Soldaten und Blut-und-Boden-Motiven schmückte ursprünglich den Plenarsaal. In den 1970er Jahren wurde es verhüllt. Leider gibt es derzeit keine regelmäßigen Führungen durch dieses Gebäude.

101 Der verschlossene Knast

Die wechselhafte Geschichte des Strafvollzugs

Erst vor wenigen Jahren stillgelegt, steht mitten im edlen Gerichtsviertel das Gebäude des alten Untersuchungsgefängnisses aus dem vorletzten Jahrhundert. Es ist ein Mahnmal der Ausgrenzung einerseits und Symbol der Integration andererseits, und das seit über 150 Jahren. Zwischen 1857 und 2013 erlebte es alle Tiefen des Strafvollzugs: Hinrichtungen, Zwangsarbeit und Folter waren diesen Mauern nicht fremd. Aber auch die Öffnung und Liberalisierung des Strafvollzugs in den letzten 20 Jahren wurden in diesen Gemäuern geprägt und fanden von hier aus europaweites Ansehen.

Mauern und Stacheldraht zeugen bis heute von persönlichen Schicksalen. Die Stimmen der Gefangenen und deren Angehöriger, die über diese Grenzen hallten, sind förmlich noch hörbar. Hier standen vor Kurzem noch Mutter und Kind auf der Seite der Freiheit und riefen dem Vater und Ehemann über die trennende Mauer Grußworte zu. Die vergitterten Fenster der kleinen Zellen erlaubten mitunter Sichtkontakt in die Freiheit. Die Entfernung ermöglichte eine Verständigung.

Heute steht der alte Knast mitten in der Stadt, mitten im Gerichtsviertel, mitten in einer der edelsten Villengegenden Oldenburgs. Ein Wahrzeichen. Ein Mahnzeichen. Wegen schlechtester Unterbringungsmöglichkeiten, überfüllter Zellen und maroden Bauzustandes wurde es geschlossen. Seitdem wartet es auf eine zukunftsorientierte Nachnutzung. Denkmalschutz behütet den Baukörper und macht eine Umgestaltung schwer. Wer möchte schon in einem Büro arbeiten oder in einem Hotel schlafen, in dem die Fenster so klein und so weit oben sind, dass allerhöchstens ein einziger Sonnenstrahl am Tag das Innere erleuchtet?

Nur selten und nur für spezielle Events öffnen sich heutzutage die Tore des Knasts für den Besucher, zum Beispiel im Rahmen des Oldenburger Filmfestivals, wenn den Promis und Divas Besonderes geboten werden soll.

Adresse Gerichtsstraße 1, 26135 Oldenburg | ÖPNV Bus 270, 280, 289, Haltestelle Am Festungsgraben | Öffnungszeiten von außen immer zu besichtigen | Tipp Am Damm 2a hat der Oldenburger Kunstverein, der zu den ältesten Kunstvereinen Deutschlands zählt, seine Ausstellungsräume, in denen moderne Kunst zeitgemäß präsentiert wird.

102_Das verschwiegene Gewölbe

Im Keller der Grafen

Der Zugang zum »Caldero« erscheint neu und modernistisch. Das täuscht allerdings und ist nur ein Ausdruck der zahlreichen Modernisierungswellen, die die Innenstadt über sich ergehen lassen musste. Während man oberirdisch Futuristisches wagte, erhielt man darunter Altbewährtes.

Die Lage lässt hier tatsächlich altes Gemäuer vermuten, schließlich befindet man sich an dieser Stelle innerhalb der uralten Grundrisse von Oldenburg, dem mittelalterlichen Aldenburg um das Jahr 1100, der Alten Burg. Man braucht nicht lange, um es zu finden: Schon einige Treppenstufen tiefer, in den Räumen des »Caldero«, wird man fündig und steht mitten unter einem Kellergewölbe. Seit fast 500 Jahren werden die historischen Räume des Gewölbekellers direkt gegenüber dem Rathaus kulinarisch genutzt. Hier könnte schon Graf Anton Günther getafelt haben. Die Gewölbe haben die großen Stadtbrände überstanden, denen oberirdisch nahezu alles zum Opfer fiel.

Angeblich findet man in diesen Kellern auch Teile eines unterirdischen Gangsystems, das in früheren Zeiten Fluchtwege für Grafen und Bürger darstellte und später Geflüchteten und Obdachlosen Unterschlupf bot. Wenig ist davon verbürgt, das meiste der Welt der Sagen und Gerüchte vorbehalten. Richtig ist allerdings, dass sich solche Gewölbe unter vielen Häusern der Altstadt finden und in der letzten Zeit vermehrt zugänglich gemacht werden. Entlang der Langen Straße findet man Spuren davon, unter dem Rathaus, an der Baumgartenstraße und der Haarenstraße bis zum Lappan. Kein Wunder, dass dabei gerne über Verwunderliches wie Fluchtwege der Grafen, Geheimgänge in der Kriegszeit oder Schallfortleitungen über Hunderte von Metern berichtet wird. Diese und ähnliche Anekdoten üben einen Zauber aus. Mehr Geschichten zu dieser Geschichte kann man bei einer unterirdischen Führung hören und erleben.

Adresse Markt 23, 26122 Oldenburg | **ÖPNV** fast alle Buslinien, Haltestelle Pulverturm | **Öffnungszeiten** Di–Fr ab 17 Uhr, Sa ab 12 Uhr, So, Mo Ruhetag | **Tipp** Geschichtsträchtige Gewölbe finden Sie auch im Ratskeller, dessen Tradition bis auf das Jahr 1355 zurückgeht. Hier können Sie alte Speisen von Land und Wasser im neuen Geist genießen – oder gerne auch umgekehrt.

103 Das verwaiste Wallkino

Ein düsteres Wahrzeichen der Stadt

Das Haus am Heiligengeistwall gehörte früher zu den Adressen ersten Ranges. Während es früher das Aushängeschild der Stadt war, ist es heute eher ein Warnschild derselben. Im Wallkino wurde deutsche Kinogeschichte geschrieben und gezeigt. Es ist oder besser war eines der ältesten Kinos Deutschlands, das Wallkino schaut auf eine über 100-jährige Film- und Kinogeschichte zurück. Sein Traditionsgebäude steht glücklicherweise noch voller Stolz am Wall, aber wie lange noch?

1914 wurde das Kino eingeweiht, mit allem, was dazugehört. Roter Teppich, Kassenhäuschen, riesiger Saal für 750 Zuschauer, schwere Vorhänge, glänzende Kronleuchter, goldene Empore und samtene Sessel gehörten damals zum üblichen Prunk moderner Lichtspielhäuser. All das war in diesem Kino bis zum Schluss, bis zu seiner Schließung selbstverständlich und gegenwärtig. Auch zahlreiche Umbauten in den 1960er Jahren zerstörten den Charakter eines Filmtheaters nicht. Bis 2007 gehörte es zu Oldenburg, zur Kinokultur, zur Kinogeschichte der Stadt und des Landes. Nach dem Tod der Eigentümer wurde das Kino von den neuen Erben kurzerhand geschlossen. Seitdem steht es da und zerfällt. Alle Versuche der Stadt und des Denkmalamtes, ein Sanierungskonzept für den Bau zu erstellen, scheiterten bislang. Ein Dialog mit den Eigentümern scheint nicht möglich, die Interessen liegen zu weit auseinander, eine Lösung ist nicht in Sicht. Abrissvorschläge stehen Sanierungsplänen gegenüber, Pläne der Eigentümer konterkarieren die Sicht des Denkmalamtes, Rendite siegt über Tradition.

Noch ist dieser Kampf nicht endgültig entschieden, aber die Zeit heilt hier sicherlich keine Wunden. Solange Kompromisslosigkeit herrscht, wird das alte Kino mit der ehemaligen Zuckerbäckerfassade als Mahnmal für den Denkmalschutz stehen und von der Machtlosigkeit der öffentlichen Interessen gegenüber dem Privatbesitz Zeugnis ablegen.

Adresse Heiligengeistwall 3, 26122 Oldenburg | ÖPNV fast alle Buslinien, Haltestelle Lappan | Öffnungszeiten von außen immer zu besichtigen | Tipp Der Waffenplatz, der sich auf der Rückseite des alten Kinos öffnet, hat ebenfalls eine bewegte Geschichte. Immer wieder erstarrt er in Beton gegossen im Stillstand. Heute wirkt er aber bunter denn je. Beleben Sie ihn durch Ihren Besuch.

104_Der verwesende Pansenberg

Früher pfui, heute hui

Die Bergstraße ist eine der schönsten Straßen und Gassen der Oldenburger Innenstadt. Mit ihrem geschwungenen und hügeligen Verlauf, kleinen schmalen Häusern mit geteilten Fenstern und bunten Fensterläden findet sie in jedem Reiseführer ihren romantischen Platz. Als Schmuckstück der Stadt lässt sie aber auch Stadtgeschichte spüren. Ab 1782 wurde hier die erste Straßenbeleuchtung mit Waltranlampen erprobt, das Haus Nummer 7 von 1799 hat diese Zeiten noch erlebt.

Ursprünglich wurde die Bergstraße als »Pansenberg« bezeichnet, ein Begriff, der für Bauch und Magen steht. Eine uralte Metzgerei entsorgte hier ganz früher die Innereien der Tiere. Die Bürger der Stadt empfanden zuerst den Gestank, später auch den Namen als geschmacklos, ein Antrag auf Namensänderung aus »ästhetischen« Gründen wurde gestellt. Man übernahm einfach den hinteren Teil des Namens, und so wurde aus dem Pansenberg die Bergstraße. Heute ist vom Pansen nichts zu spüren, auch ein Metzger findet sich nur weit entfernt. Dafür reihen sich hier kleine Boutiquen und Kunstwerkstätten aneinander. Diese sind oft in den Häusern untergebracht, in denen früher Meister der Schlossereien, Schustereien und Tischlereien ihre Arbeit verrichteten. Die Häuser waren schmal, der Platz darin eng bemessen. Um die Rohmaterialien oder Waren ins Haus und aus dem Haus zu bekommen, musste man Flaschenzüge und Aufzugsrollen an Dachluken und Erkern nutzen. Diese sind heute zumeist ab- und die Speicherböden zu Wohnraum umgebaut. Aus Werkstätten wurden Boutiquen, aus Handwerksmeistern wurden Meister des Kunsthandwerks.

Treten Sie ein und schauen Sie einem Goldschmied über die Schulter, lassen Sie sich in einer Papeterie zu neuen Worten verleiten und spüren Sie den Schatz des Büttenpapiers oder lassen Sie sich in die Welt des richtig guten Spielzeugs entführen. Vielleicht entdecken Sie Ihre kindliche Seite neu und fühlen sich wieder – ganz so wie früher.

Adresse Bergstraße, 26122 Oldenburg | **ÖPNV** fast alle Buslinien, Haltestelle Pulverturm | **Tipp** Im Laden Nummer 5 finden sich saisonale, schöne, trendige und außergewöhnliche Schätze zum Stöbern und Verschenken. Ein Beispiel der Händlerseele und des Händlertreibens im schönsten Quartier der Stadt.

105 Die wunderbare umBAUbar

Eine Nomadin wird sesshaft

Der Name »UmBAUbar« kommt nicht von ungefähr und ist hier auf jeden Fall Programm – es ist eine Bar, die ständig umbaut. Oder noch besser eine Bar, die ständig umzieht, weil die Räume, in denen sie gerade zu Gast ist, ständig umgebaut werden. So war die »UmBAUbar« schon an vielen Standorten in Oldenburg zu Hause. Und an allen diesen Orten war sie sofort heimisch und sofort Kult.

Immer wenn ein Gebäude kurz vor der Sanierung steht, ist es der beste Ort für die »UmBAUbar«. Sie schafft es immer wieder neu. Mit wenig Aufwand wird Frisches geschaffen, die Sitze und Tische werden aus Altholzkisten zusammengestellt, möglicherweise findet man ein paar alte Sofas, einen kultigen Tresen und ein DJ-Pult, schon ist die Bar umgebaut. Seit Längerem findet sich die »UmBAUbar« im Herzen der Stadt, in einem ehrwürdigen Haus am Oldenburger Stadthafen. Das Rosehaus, in dem die alteingesessene Kaufmannsfamilie Rose über Jahrzehnte Schiffs- und Segelbedarf verkaufte, scheint für dieses Konzept wie geschaffen zu sein. Auf zwei Etagen kann sich die Bar hier ausbreiten. Unten finden sich die Theke, das DJ-Pult und die Tanzfläche. Hier kann man Poesie, Theater und Musik erleben oder einfach die ganze Nacht durchtanzen. Oben stehen neben einer irischen Pub-Theke voller Craft-Biere alte Sofas und viele Tische herum. Dort kann man die ganze Nacht durchquatschen.

Die Getränkeauswahl ist riesig, aber geradlinig. Es ist weniger wichtig, was man trinkt, sondern mit wem man zusammen ist. Und wenn man schon lange keine Kickertischstangen mehr zwischen den Fingern gehabt hat, dann wird man sich hier kaum von ihnen lösen können. Für jeden ist etwas dabei. Das Publikum ist jung und wird mit fortschreitender Abendzeit auch immer jünger. Wer sich für das Nachtleben zu alt fühlt, der sollte schon am früheren Abend ein Sofa erklimmen und sich in die Welt der »UmBAUbar« entführen lassen.

Adresse Stau 25–27, 26122 Oldenburg | ÖPNV fast alle Buslinien, Haltestelle Schloßplatz | Öffnungszeiten Di 20–2 Uhr, Mi 20–5 Uhr, Do 20–2 Uhr, Fr, Sa 20–5 Uhr | Tipp Direkt gegenüber steht der letzte Schienenkran des alten Hafens. Während noch vor wenigen Jahrzehnten mit ihm hier Stückgut verladen wurde, ist er heute ein bewegliches Denkmal einer bewegten Stadtgeschichte.

106_Das Wasserkraftwerk

Elektrizität ist hier Nebensache

Wasserkraftwerke produzieren sauber sauberen Strom. Aber wozu denn eines im hohen Norden, wo doch hier viel mehr Wind als Wasser in Bewegung ist? Lohnt sich das?

Der Strom aus diesem Kraftwerk lohnt sich bestimmt nicht, zumindest nicht nach marktorientierten Kriterien. Es ist eher ein Nostalgiestrom, für den man sogar eine eigene Nostalgiestrom-Zulage zahlen müsste. Der Strom aus diesen Aggregaten fließt schon seit 1927, gute 90 Jahre. So lange wird wohl keine Windkraftturbine durchhalten. Und hier ist immer noch die Originaltechnik am Werke! Die Turbinen nehmen sich Zeit, sie drehen langsam, mit 187 Umdrehungen pro Minute, und erzeugen so Strom für etwas über 550 Haushalte. Ein modernes Windrad schafft locker das Doppelte. Das Wasser fällt hier aber auch gerade mal aus sechs Metern Höhe. Moderne Wasserturbinen schaffen über 3.000 Umdrehungen, oft bei Fallhöhen von 300 Metern. Warum dann das Ganze?

Der Strom war schon zu Bauzeiten im vorletzten Jahrhundert eher ein Nebeneffekt. Das Kraftwerk hatte und hat eigentlich eine ganz andere Aufgabe: Es reguliert das Niveau im benachbarten Küstenkanal, dessen Wasserstand streng definiert ist. Dieser muss nämlich ziemlich genau fünf Meter betragen, mit einer maximalen Abweichung von gerade mal einem Prozent. Das ist schon eine Herausforderung für die Technik, vor allem für eine, die ohne digitale Messgeräte, Computersteuerung und Satellitenüberwachung auskommen soll. Selbst heute ist die Technik im Kraftwerk noch weitgehend originalgetreu erhalten. Schalter, Stellräder und bewegliche Zeiger stehen da, wo heute normalerweise Tastaturen und Bildschirme Platz finden. Bleibt zu hoffen, dass die auf Hochglanz lackierten Generatoren noch lange durchhalten. Denn eine Reparatur ist schwierig, Ersatzteile gibt es nicht. Jedes einzelne muss individuell in Einzelanfertigung von einem Meister der Nostalgie hergestellt werden.

Adresse Niedersachsendamm, 26133 Oldenburg | ÖPNV Bus 315, Haltestelle Osternburger Kanal | Öffnungszeiten von außen immer zu besichtigen | Tipp Der Zutritt zum Herzstück des Kraftwerks ist oft am Tag des offenen Denkmals möglich. Fotos des technischen Denkmals kann man aber am gedeckten Tisch und bei schönen Aussichten auf die Schleuse im Hafenhaus am Achterndiek 2 einsehen.

107_Der Wasserturm

Das Wasserbecken über Donnerschwee

Früher prägten Gas-, Elektrizitäts- und Wasserwerke mit ihren Bauten die Silhouetten der Städte. Die Versorgung der Stadtbewohner mit Energie und vor allem Wasser ist nicht nur heute von hoher Wichtigkeit, sie genoss schon im vorletzten Jahrhundert Priorität.

An der Donnerschweer Straße steht eines der letzten Markenzeichen dieser Art. Mit gut 50 Metern Höhe ist es nicht nur ein markanter Bau, sondern gleichzeitig auch das Wahrzeichen des Stadtteils. Seit über 120 Jahren steht es an dieser Stelle und thront über den Häusern der Umgebung. Der runde, zylindrische Turmschaft aus gepflegtem Ziegelwerk, durchbrochen von Streifen eines Putzmauerwerkes, schafft Ästhetik und Zierde und zeugt von der Baukunst der Gründerzeit. Zahlreiche umlaufende Arkaden mit prägnanten Fensterbögen lassen den Wasserturm in einer majestätischen Pracht erstrahlen.

Auch wenn dieser Turm schon länger unter Denkmalschutz steht, so hat er noch lange nicht ausgedient. Nach wie vor werden in der Krone des Turmes 500 Kubikmeter Wasser mit ihren 500 Tonnen Gewicht bevorratet. Das Wassergewicht schafft den nötigen Druck in den Leitungen und trägt trotz moderner Pumpentechnik auch heute noch zur Stabilität des Trinkwassernetzes der Stadt bei. Um den Turm herum erstreckt sich eines der drei Brunnenfelder, aus denen das Trinkwasser für Oldenburg gewonnen wird.

Ursprünglich, Ende des 19. Jahrhunderts, sollte neben den Schlossherren auch die Bevölkerung von der Verbesserung der damals kritischen Wasserqualität profitieren. Die passive Technik der Wassertürme war damals fortschrittlich. Das circa zehn Grad kalte Wasser im Behälter führte aber zu Kondenswasserbildung, die auf Dauer Feuchtigkeitsschäden im Mauerwerk verursachte. So musste der Turm kürzlich für 250.000 Euro teuer saniert werden. Schade nur, dass man nicht von oben auf die Stadt schauen darf, hier wäre ein guter Platz für ein überirdisches Café.

Adresse Donnerschweer Straße 249, 26123 Oldenburg | **ÖPNV** Bus 314, Haltestelle Nibelungenstraße | **Öffnungszeiten** von außen immer zu besichtigen | **Tipp** In wenigen Minuten erreichen Sie den Waterender Weg. Wenn Sie ihm folgen, tauchen Sie schnell ein ins Grün der Huntemarsch mit Ausblicken auf Überreste der Braker Bahn und auf die monumentale Huntebrücke.

108 Das Weinhaus Kottkamp

Der feine Geist in der Flasche

Wenn man einen besonderen Tropfen zu einem einmaligen Anlass sucht, dann kauft man den Wein nicht gerne im Supermarkt. Für den Wein eines speziellen Jahrgangs, beispielsweise das Geburtsjahr des Kindes oder das Jahr eines besonderen Erlebnisses, oder für die Rebe der Region, in der man sein Herz verloren hat, wünscht man Expertise. Das »Weinhaus Kottkamp« weiß dann einen Rat. In diesem Hause werden über 800 unterschiedliche Weine angeboten, und das schon seit fast 100 Jahren. Ein altes Familienbild an der Wand zeugt noch von den Anfängen.

In Sachen Wein kann den Hausherren kaum einer etwas vormachen. Stadtbekannt und berüchtigt sind aber vor allem die legendären Abende, an denen Whisky- und Rumverkostungen stattfinden. Regelmäßig, wenn auch nicht allzu häufig, lädt das Haus zu diesen Abenden der besonderen Art ein. Dann füllt sich der Laden nach Geschäftsschluss mit Liebhabern dieser Destillate.

In dem alten Gewölbekeller kommt man sowohl auf den Geschmack als auch in Stimmung. An mehreren Tischen, die meist thematisch sortiert sind, kann man sich dann auf die Suche nach der persönlichen Lieblingssorte begeben. Bei Kottkamp weiß man genau, wann, wo und wie der gute Tropfen in die Flasche fand, aus welchem Landstück, aus welchem Brand, aus welchem Fass und aus welcher Abfüllung die jeweilige Sorte stammt. So gibt es fast zu jeder Flasche eine Episode. Bei 400 Sorten Whisky, die das Haus anbietet, sind es auch fast so viele Geschichten rund um die Kultur und den Kult der Whiskywelt. Das Haus zählt mit dieser Vielfalt zu den führenden Whiskyhändlern in Deutschland. Sollten Sie aber gar nicht so ein rechter Whiskyfreund sein und lieber andere Brände bevorzugen, dann sind Sie hier trotzdem richtig. Die Rumverkostungen sind ebenso ausgefeilt wie einmalig und auch weniger frequentiert. Die Karten für diese Abende sind nicht ganz so schnell vergriffen.

Adresse Donnerschweer Straße 54, 26123 Oldenburg | **ÖPNV** Bus 301, 302, 313, Haltestelle Karlstraße | **Öffnungszeiten** Mo–Fr 9–13 und 14.30–18.30 Uhr, Sa 9–14 Uhr | **Tipp** Bei »Glücksmoleküle« im Haus Nummer 57 finden Sie alles, was man braucht, um die Kunst des Tortenbackens zu perfektionieren. Wem die Welt der Cupcakes nicht reicht, der kann in die Raffinessen der Buttercremetechniken oder der Royal-Icing-Dekoration eintauchen. So schütten Sie bei allen Glücksmoleküle aus.

109_Der Wendehafen

Ein Seehafen im Dornröschenschlaf

An dieser Stelle wundert man sich heute ein wenig über die städteplanerischen Geistesblitze von gestern. Klinkerbauten umrahmen das Wasserbecken des Wendehafens an der innerstädtischen Hunte. Kein Schaufenster, keine Sitzgelegenheit, keine Gastronomie in Sicht. Dabei dümpeln direkt vor einem ganz malerisch einige Segel- und Motorboote, manchmal auch kleinere Yachten oder größere Katamarane. Während auf der anderen Seite des Wassers nach und nach eine Promenade entsteht, scheint diese Wasserseite wie in einem Dornröschenschlaf. Erst wenn man sich den Werdegang des Wendehafenbeckens veranschaulicht, wird ein Schuh daraus.

Bis in die 1960er Jahre war hier richtig was los. Da standen die Schiffe noch Schlange, um Einfahrt in den Stadthafen Oldenburgs zu erlangen. Frachter legten an, Baumstämme stapelten sich im Wasser und warteten auf den Weitertransport in Richtung Rhein oder Übersee. Aber auch Kohle wurde an diesem Becken abgeladen und direkt in den Klinkerbauten zu Strom gemacht. Natürlich nicht in diesen – zwischen 1907 und den späten 1950er Jahren stand an dieser Stelle eine monströse Klinkerhalle des Elektrizitätswerkes. Die AEG lieferte in der Stadtmitte den Strom an die Verbraucher und baute im Stadtsüden die Elektrogeräte dazu.

Das E-Werk versorgte über lange Zeiten die Stadt mit Strom. Nach seinem Abriss wurde das Areal erneut mit Klinkerarchitektur bebaut. Es entstanden vor allem Apartments und Wohnungen, aber auch Büro- und Geschäftsräume. Der Umschlaghafen wurde zum Sporthafen.

Gastronomie hatte es hier aber immer schwer, bleibt dies doch in der Erinnerung der Oldenburger eher eine Industriefläche als eine Flaniermeile. Das wird sich sicherlich demnächst ändern. Die 100 Jahre alte Holzspundwand wird ersetzt, das Hafenbecken saniert, der Freizeitwert erhöht. Dann wird man hier gerne Platz nehmen und dem Plätschern der Boote im Wasser lauschen.

Adresse Am Wendehafen 6, 26135 Oldenburg | **ÖPNV** Bus 266, 302, 304, Haltestelle Nikolausstraße | **Tipp** Das heutige Rondell ist das Stautorcafé von früher und steht direkt im Stautorkreisel. Es befand sich ehemals direkt am Hafenbecken der Hunte und am Wasser des Jordan, des kleinen Teiches nebenan. Bevor das Areal überbrückt wurde, musste jeder, der zum Bahnhof wollte, hier über den Jordan gehen.

110_Die Wohnstube am Damm

Der Zauber des Zeitsprungs

Das »Café am Damm« ist der Inbegriff der Gemütlichkeit. Schon die Außenansicht verspricht ein Café aus alten Zeiten. Ein Blechschild wackelt im Wind, in goldener Schrift leuchtet einem der Name am Fenster entgegen. Die Scheiben wirken teils beschlagen, sind teils verdeckt von großen Kübelpflanzen. Sie lassen den Blick nicht auf Anhieb in das Lokal hinein.

Auch wenn man in das wie vergessen anmutende Café eintritt, scheint die Zeit hier spätestens in den 1980er Jahren stehen geblieben zu sein. Holztäfelung an den Wänden, alte Stühle und Tische aus Omas Stube wechseln sich ab mit plüschigen Sofas aus alten Zeiten. Die Räume sind verwinkelt, der Tresen klein, ein schmaler Durchgang führt zu den Nebenräumen. Aber nicht nur zu diesen – wer mag, kann bei schönem Wetter auch im Hinterhof mitten im städtischen Grün Platz nehmen, an einem der stoffgedeckten Tische haltmachen und sich dieser Entschleunigungsoase hingeben.

Draußen und drinnen gehen die Uhren langsamer als im sonst hektischen Alltag. Die Bedienung ist stets freundlich, immer bemüht, aber auch ein wenig chaotisch. Wie es sich eben gehört in solchen Cafés. Dafür ist das Angebot einmalig: Selbst gebackener Kuchen schmeckt wie aus Omas Ofen, und das Rezept stammt wahrscheinlich auch von der Großmutter selbst. Der Kaffee ist gut und der Kakao vorzüglich. Auch das Frühstück ist stadtbekannt. Alles ökologisch, vollwertig und von bestem Geschmack. Und das schon seit Jahren mit großer Tradition. Das »Café am Damm« gibt es bereits seit Jahrzehnten, es mag eines der allerersten gewesen sein, die sich der ökologischen Kost gewidmet haben. Kein Wunder, dass sich rund um das Café auch weitere, neuere, modernere Öko- und Veggieküchen angesiedelt haben. Von Konkurrenz kann aber keine Rede sein. Das »Café am Damm« kann man eben nur ergänzen, nicht ersetzen.

Adresse Damm 36, 26135 Oldenburg | ÖPNV Bus 270, 280, 289, Haltestelle Staatsarchiv/Museum | Öffnungszeiten Di 9–23 Uhr, Mi–Fr 9–20 Uhr, Sa, So 10–20 Uhr | Tipp Das Veggiemaid in der Bremer Straße 32 bildet ein wunderbares neues Pendant zum Traditionellen. Viele Gerichte und Gerüche warten hier auf den Gast, der es mit Speis und Trank natürlich nimmt.

111_Die zweifache Speiche

Mit dem Liegerad rund um Oldenburg

Oldenburg wäre ohne seine Fahrräder, seine Radfahrer, seine Fahrradwege und seine Fahrradgeschäfte fast undenkbar. Viele, die die Stadt besuchen, die auf der Durchreise oder Neubürger sind, wundern sich über die Vielzahl und die Vielfalt der Fahrräder und Radfahrer in der Stadt. Und alle fahren sie in Oldenburg kreuz und quer, überall und überallhin. Da gibt es große und kleine Räder, Falträder, Rennräder, Dreiräder, Lastenräder und Liegeräder.

Zumindest an den letzten drei Gattungen hat die »Speiche« ihren Verdienst. Das Fahrradgeschäft spezialisierte sich schon vor über 30 Jahren auf Individualfahrräder. Nicht immer muss es eine Einzelanfertigung sein, aber dank guter Beratung wird für manch einen speziellen Kunden auch eine Fahrradkuriosität gesucht und gefunden. So entwickelte sich die »Speiche« zum größten Liegeradanbieter der Region. Ebenso sind Lastenfahrräder eine ausgesuchte Spezialität des Hauses. Egal, ob der Wocheneinkauf, der Nachwuchs oder die Tierfamilie transportiert werden muss, eine Lösung dafür gibt es ganz sicher. Und Sicherheit darf dabei nicht leiden, besonders dann nicht, wenn man sich mit dem Liege- oder Lastenfahrrad auf eine längere Tour begibt, wie zum Beispiel auf die rund 100 Kilometer lange Strecke rund um Oldenburg.

Der Königsweg der Oldenburger Radwege führt um die Stadt herum, durch die Wesermarsch, die Wildeshauser Geest sowie die Parklandschaften Ammerlands. Die lange Strecke soll auch gar nicht überfordern. Der Zirkel um die Stadt wird nämlich durch zehn radiäre Verbindungen wie durch Speichen mit dem Stadtzentrum verbunden.

So ist an fast jeder Stelle des Stadtgebietes ein Einstieg in die Route möglich. Die Beschilderung auf der gesamten Strecke und auch auf allen Speichenwegen ist gut, einheitlich und markant. Eine dieser markierten Tour-Speichen liegt auch ganz in der Nähe der Liegerad-Speiche.

Adresse Donnerschweer Straße 53, 26123 Oldenburg | ÖPNV Bus 301, 302, 313, Haltestelle Karlstraße | Öffnungszeiten Mo–Fr 9.30–18 Uhr, Sa 9.30–13.30 Uhr | Tipp In der Milchstraße 23 wurde 1890 die »Städtische Bildungsanstalt für hauswirtschaftliche Frauenberufe« gegründet und unter neuem Namen in reformierter Form bis 2016 fortgeführt. Der alte Name steht heute über der Tür des zeitgemäßen Seniorenwohnsitzes »Altes Stadtmädchen«.

1
Borbeck
Wahnbek
A29
Ofenerdiek
Metjendorf
52
69
94
65
Etzhorn
44
99
A293
36
Brokhausen
Bornhorst
Bürgerfelde
Nadorst
48
Ohmstede
79
A28
2
Ehnernviertel
40
50
Ziegelhof
107
Hunte
54
63
22
Wechloy
49
Donnerschwee
61
2
3
Bloherfelde
Haarentor
95
A29
Oldenburg
37
59
1
Drielake
Neuenwege
Eversten
Osternburg
Drielaker-Moor
A28
98
Tweelbäke
8
Kreyenbrück
A28
Südmoslesfehn
Hundsmühlen
35
64
Krusenbusch
Bümmerstede
A29
N
0
1 km
Oberlethe
Wardenburg

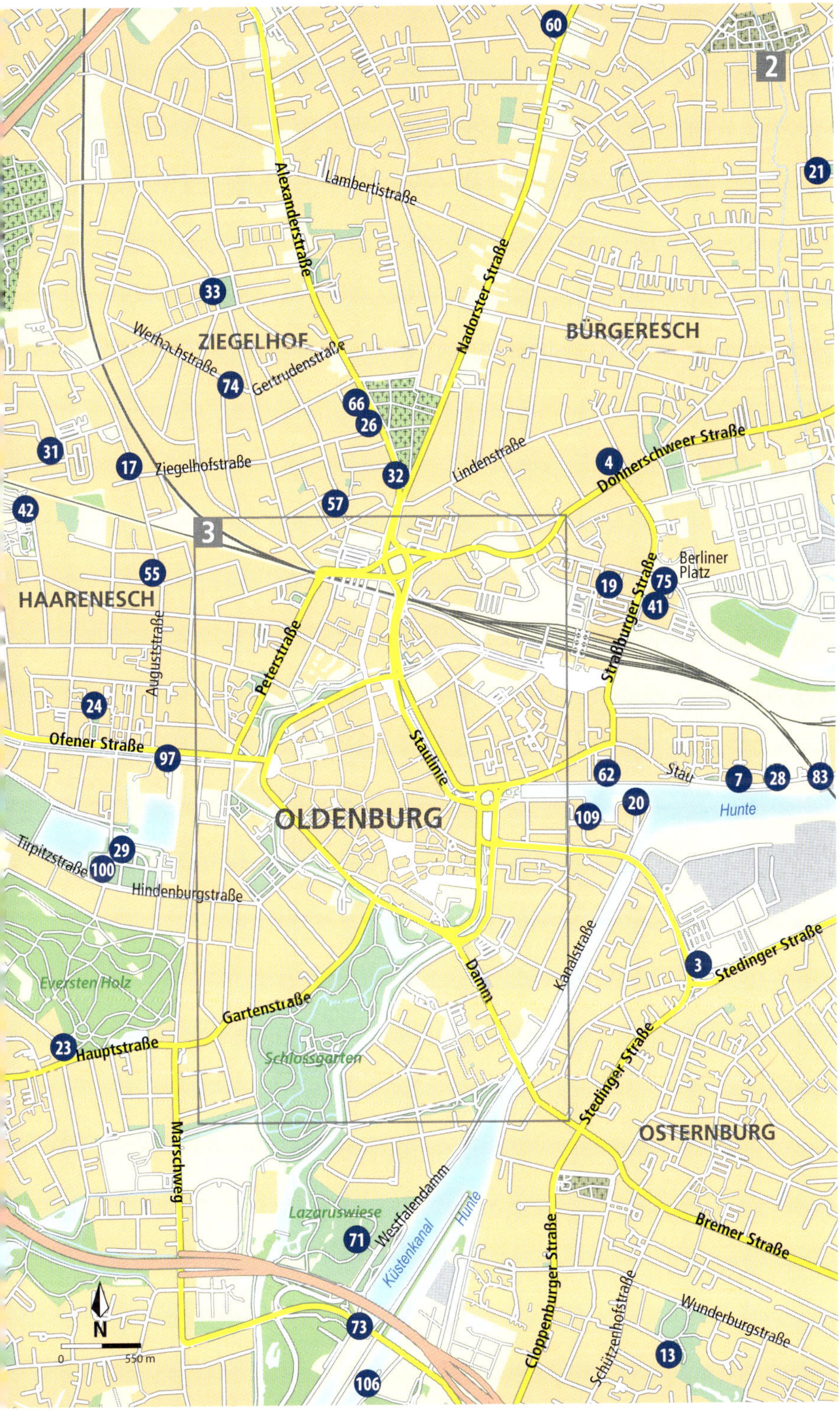

2
3
ZIEGELHOF
BÜRGERESCH
HAARENESCH
OLDENBURG
OSTERNBURG
Alexanderstraße
Lambertistraße
Nadorster Straße
Werbachstraße
Gertrudenstraße
Ziegelhofstraße
Lindenstraße
Donnerschweer Straße
Berliner Platz
Straßburger Straße
Auguststraße
Peterstraße
Ofener Straße
Staulinie
Stau
Hunte
Tirpitzstraße
Hindenburgstraße
Kanalstraße
Stedinger Straße
Damm
Eversten Holz
Gartenstraße
Hauptstraße
Schlossgarten
Marschweg
Lazaruswiese
Westfalendamm
Küstenkanal
Cloppenburger Straße
Bremer Straße
Schützenhofstraße
Wunderburgstraße
N
0
550 m
60
21
33
74
66
26
32
31
17
42
57
4
55
19
75
41
24
97
62
7
28
83
20
109
29
100
3
23
71
73
13
106

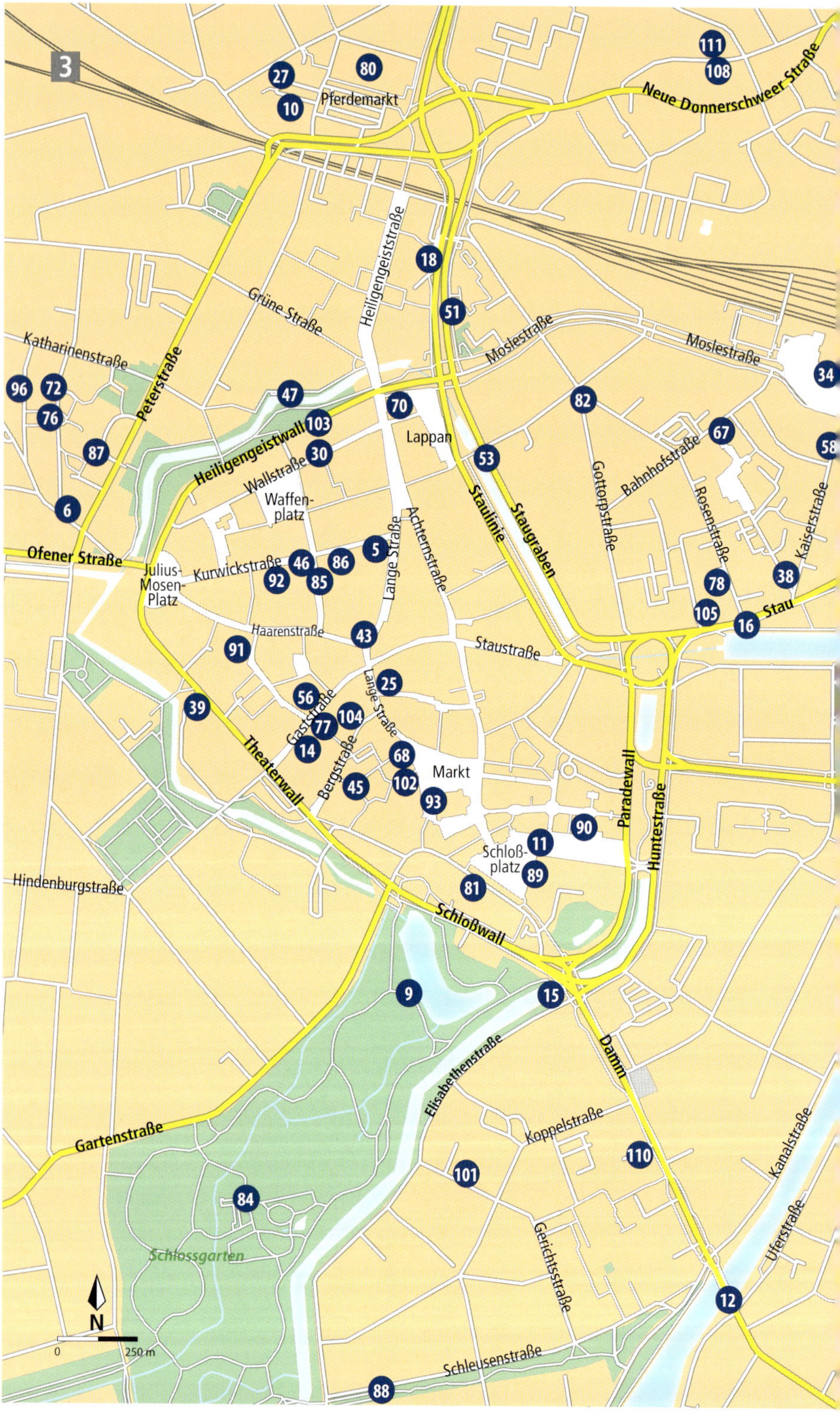

3
Pferdemarkt
Neue Donnerschweer Straße
Heiligengeiststraße
Grüne Straße
Moslestraße
Moslestraße
Katharinenstraße
Peterstraße
Heiligengeistwall
Lappan
Wallstraße
Waffen-
platz
Staulinie
Staugraben
Gottorpstraße
Bahnhofstraße
Rosenstraße
Kaiserstraße
Achternstraße
Lange Straße
Ofener Straße
Julius-
Mosen-
Platz
Kurwickstraße
Haarenstraße
Staustraße
Stau
Gaststraße
Lange Straße
Theaterwall
Bergstraße
Markt
Paradewall
Huntestraße
Schloß-
platz
Hindenburgstraße
Schloßwall
Damm
Elisabethenstraße
Koppelstraße
Gartenstraße
Kanalstraße
Uferstraße
Gerichtsstraße
Schlossgarten
Schleusenstraße
N
0
250 m

Alexandra Schlennstedt,
Jobst Schlennstedt
111 Orte an der Ostseeküste Mecklenburg-Vorpommerns, die man gesehen haben muss
ISBN 978-3-95451-332-1

Floriana Petersen
111 Orte in San Francisco, die man gesehen haben muss
ISBN 978-3-95451-750-3

Andrea Livnat,
Angelika Baumgartner
111 Orte in Tel Aviv, die man gesehen haben muss
ISBN 978-3-95451-703-9

Oliver Schröter, Falk Saalbach
111 Orte in Zürich, die man gesehen haben muss
ISBN 978-3-95451-538-7

Cornelia Lohs
111 Orte in Bern, die man gesehen haben muss
ISBN 978-3-95451-669-8

Giulia Castelli Gattinara,
Mario Verin
111 Orte in Mailand, die man gesehen haben muss
ISBN 978-3-95451-617-9

Cornelia Ziegler,
Chris Sindermann
111 Orte auf Kreta, die man gesehen haben muss
ISBN 978-3-95451-540-0

Dorothee Fleischmann,
Carolina Kalvelage
111 Orte an der Costa Brava, die man gesehen haben muss
ISBN 978-3-95451-561-5

Jo-Anne Elikann
111 Orte in New York, die man gesehen haben muss
ISBN 978-3-95451-512-7

Alexandra Schlennstedt,
Jobst Schlennstedt
111 Orte in Lübeck, die man gesehen haben muss
ISBN 978-3-95451-564-6

Alexandra Schlennstedt,
Jobst Schlennstedt
111 Orte an der Ostseeküste, die man gesehen haben muss
ISBN 978-3-89705-824-8

Rüdiger Liedtke,
Laszlo Trankovits
111 Orte in Kapstadt, die man gesehen haben muss
ISBN 978-3-95451-456-4

Gerd Wolfgang Sievers
111 Orte in Venedig, die man gesehen haben muss
ISBN 978-3-95451-352-9

Vito von Eichborn
111 Orte zwischen Lübeck und Kiel, die man gesehen haben muss
ISBN 978-3-95451-339-0

Petra Sophia Zimmermann
111 Orte am Gardasee und in Verona, die man gesehen haben muss
ISBN 978-3-95451-344-4

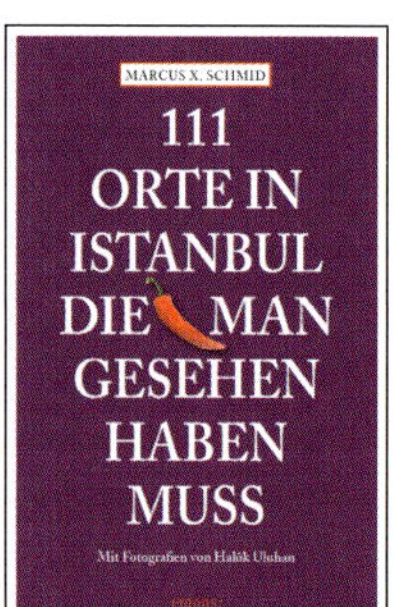

Marcus X. Schmid,
Halûk Uluhan
111 Orte in Istanbul, die man gesehen haben muss
ISBN 978-3-95451-333-8

Christiane Bröcker,
Babette Schröder
111 Orte in Stockholm, die man gesehen haben muss
ISBN 978-3-95451-203-4

Oliver Schröter
111 Orte für echte Männer, die man gesehen haben muss
ISBN 978-3-95451-228-7

Alexandra Schlennstedt,
Jobst Schlennstedt
111 Orte in Ostwestfalen-Lippe, die man gesehen haben muss
ISBN 978-3-95451-109-9

Annett Klingner
111 Orte in Rom, die man gesehen haben muss
ISBN 978-3-95451-219-5

John Sykes, Birgit Weber
111 Orte in London, die man gesehen haben muss
ISBN 978-3-95451-117-4

Alexandra Schlennstedt,
Jobst Schlennstedt
111 Orte in der Lüneburger Heide, die man gesehen haben muss
ISBN 978-3-95451-844-9

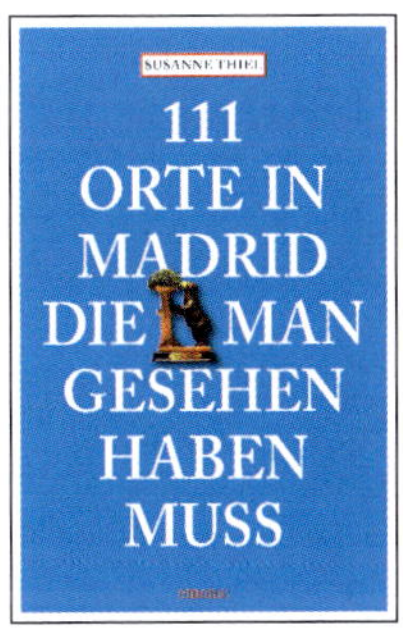

Susanne Thiel
111 Orte in Madrid, die man gesehen haben muss
ISBN 978-3-95451-118-1

Dirk Engelhardt
111 Orte in Barcelona, die man gesehen haben muss
ISBN 978-3-95451-066-5

Stefan Spath
111 Orte in Salzburg, die man gesehen haben muss
ISBN 978-3-95451-114-3

Ralf Nestmeyer
111 Orte in der Provence, die man gesehen haben muss
ISBN 978-3-95451-094-8

Peter Eickhoff, Karl Haimel
111 Orte in Wien, die man gesehen haben muss
ISBN 978-3-89705-969-6

Bernd Imgrund,
Britta Schmitz
111 Kölner Orte, die man gesehen haben muss
Band 2
ISBN 978-3-89705-695-4

Alexandra Schlennstedt,
Jobst Schlennstedt
111 Orte in Bielefeld, die man gesehen haben muss
ISBN 978-3-7408-0123-6

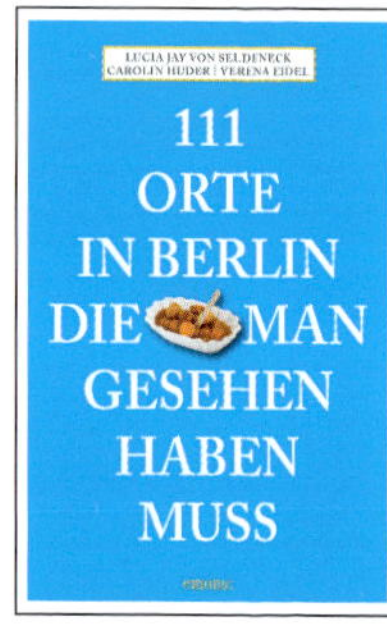

Lucia Jay von Seldeneck,
Verena Eidel, Carolin Huder
111 Orte in Berlin, die man gesehen haben muss
ISBN 978-3-89705-853-8

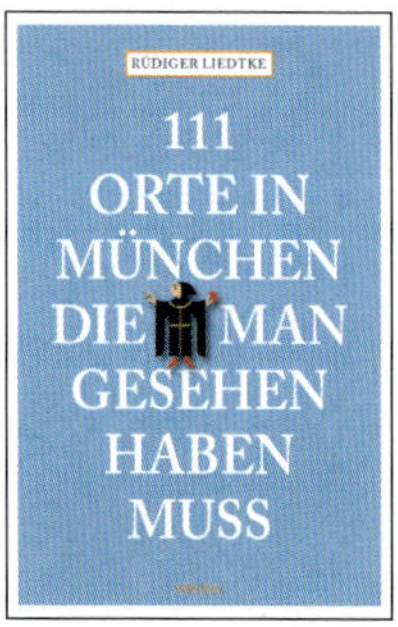

Rüdiger Liedtke
111 Orte in München, die man gesehen haben muss
ISBN 978-3-89705-892-7

Lucia Jay von Seldeneck,
Verena Eidel, Carolin Huder
111 Orte in Berlin, die man gesehen haben muss
Band 2
ISBN 978-3-95451-207-2

Bernd Imgrund,
Britta Schmitz
111 Kölner Orte, die man gesehen haben muss
Band 1
ISBN 978-3-89705-618-3

Lust auf mehr? Laden Sie sich die »LChoice«-App runter, scannen Sie den QR-Code und bestellen Sie weitere Bücher direkt in Ihrer Buchhandlung.

LChoice

Hier bestellen

Danksagung

An dieser Stelle möchte ich allen danken, die mir die Arbeit an diesem Buch ermöglicht haben. Allen voran gilt der Dank meiner Familie, die mich in der Phase der Recherchen und Ausarbeitung der Texte stets unterstützte, meine Launen ertrug, die zahlreichen Geschichten geduldig anhörte und mir dennoch oder auch gerade deshalb die Zeit dafür einräumte.

Ich danke ebenfalls all den Freunden und Menschen, die an meiner Seite standen und stehen, die auch meine eigene Reise nach und durch Oldenburg möglich gemacht haben und Integration über die Grenzen der Stadt und der Länder hinweg mit mir leben.

Ein weiterer Dank gilt dem Emons Verlag mit seinen Mitarbeitern und seinen familiären Strukturen, der diese spannende Buchreihe etablierte und sich ohne lange Überlegung auf mich und die Stadt Oldenburg eingelassen hat.

Der vielleicht größte Dank gilt jedoch all den zahllosen Gesprächspartnern, Ideengebern und Geschichtensammlern, mit denen ich über die Stadt, ihre Orte und ihre Menschen sprach. Viele waren der Idee bald verbunden, manche kritisch, einige brauchten einen langen Anlauf und fingen, ganz dem norddeutschen Naturell entsprechend, erst nach dem zweiten und dritten Blick Feuer. Insbesondere seien hier die vielen Ungenannten genannt, die Seelen des Internets, die tagtäglich diese neuzeitliche Geschichtensammlung pflegen, akribisch alle Informationen über Altes und Neues bereitstellen und für ihre Unvergesslichkeit sorgen. Sie bildeten neben Interviews und Büchereirecherchen die essenziellste Säule meiner Informationssammlung. Die wichtigsten Internetquellen seien hier beispielhaft genannt, wobei die Sammlung www.alt-oldenburg.de besonderer Würdigung bedarf: www.airbrush-forum.net, www.deutsches-architektur-forum.de, www.geschichtsspuren.de, www.nwzonline.de, www.oldenburg.de, www.qumran.org, www.trollibus-oldenburg.eu, www.werkstattfilm.de, www.wikipedia.de. Aber auch traditionelle Bibliotheken und Bücher sind heute noch Gold wert, allen voran die Ausgaben des Isensee Verlages, beispielsweise »Oldenburg im Profil« von K. Brake und R. Krüger (1995) oder die gesamte Reihe »Stadtteilrundgang«. Sollten sich trotz aller Recherchemühe Diskrepanzen, Unstimmigkeiten oder gar Fehler eingeschlichen haben, so ist dies ohne Absicht geschehen und mag mir verziehen werden.

Der Autor

Jacek Auerbach, 1965 bei Gdańsk/Danzig geboren und in Bremen aufgewachsen, studierte in Göttingen Medizin und lebt seit 25 Jahren in Oldenburg. Er lernte auf seinem Weg die Gemeinsamkeiten und die Unterschiede der Städte und Länder kennen und schätzen. In Bildern und Worten zeigt er gerne, was ihn wo, wie und wohin bewegt.